Faces B

Conception et réalisation : Nord compo

ISBN : 978-2-258-107946

Numéro d'éditeur : 1426

Retrouvez-nous sur Internet : www.horscollection.com

Hors Collection | un département **place des éditeurs**

place des éditeurs

FACES B

FRANÇOIS THOMAZEAU

HORS }{ COLLECTION

INTRODUCTION

Je vous parle d'un temps que les adeptes du MP3 ne peuvent pas connaître. Le bon vieux temps où la musique se déclinait en deux faces et où, qu'il le veuille ou non, le consommateur de disques obtenait toujours deux titres pour le prix d'un. La face B, c'était le cadeau bonus, le truc en plus, ce morceau souvent inédit qu'il fallait aller chercher et découvrir de l'autre côté du miroir et qui vous entraînait souvent du côté obscur. Contraints de proposer deux chansons sur les galettes qui s'étaient imposées, face au rouleau, au début du phonographe, certains artistes se moquaient ouvertement de nous en recyclant des fonds de tiroirs, des jam-sessions enregistrées à la va-vite ; le même titre chanté a capella ou au contraire livré dans sa version instrumentale. D'autres y mettaient du cœur et se forçaient à offrir au fan un supplément d'âme et de qualité. Et les plus grands, comme les Beatles ou Elvis, incapables au faîte de leur gloire d'enregistrer de mauvais titres, ne sortaient que des *singles* avec double face A, que l'on pouvait retourner indéfiniment sans arriver à décider quel titre était le meilleur. Le mouvement perpétuel appliqué à la musique populaire.

La face B est indéfectiblement liée à un format, le 45 tours, et à une époque allant de l'après-guerre jusqu'à l'invention du CD, lorsque ces microsillons assuraient la majeure partie des ventes de musique. La vogue de la face B déclina un peu dès les années 1970, où l'album (ou 33 tours) remplaça le 45 tours dans le cœur des mélomanes. Mais le terme n'a pas disparu, en dépit de l'avènement des formats à une face comme le CD, qui glissait des faces B à la suite des faces A, et malgré la dématérialisation des supports. C'est qu'avec le temps, « face B » est aussi devenu synonyme de pépite, de trésor caché, de morceau que seul l'initié possède ou revendique. Pour les rappeurs, la face B (ou *B-side*), c'est le refuge de la contestation, du délit d'initié, la zone d'ombre où se retrouvent les vrais experts, les puristes...

Les 180 titres réunis ici ne prétendent pas être les meilleurs versos de 45 tours jamais enregistrés. La qualité a moins primé dans notre choix que l'importance, le succès, ou l'ingéniosité déployée pour contourner la figure imposée du titre à glisser impérativement au dos d'un enregistrement. La plupart sont pourtant des classiques de la musique populaire, des tubes, des titres devenus d'autant plus mythiques qu'ils se sont imposés au grand public en dépit de l'ombre qui leur avait été faite initialement. Pensez que quelques-uns des plus grands titres de l'histoire de la musique populaire du XXe siècle – « Rock around the clock », « Be Bop-a-Lula », « La Bamba », « Amsterdam » – étaient à l'origine relégués à l'arrière-plan ! Ce florilège démontre aussi l'énormité des erreurs commises par les directeurs artistiques et les producteurs, incapables d'identifier un authentique hit. Ne les blâmons pas. Souvent, les artistes eux-mêmes ont fait le mauvais choix. Mais une chanson populaire finit toujours par s'imposer. Voici donc la petite histoire de 180 chansons sans lesquelles la face du rock, de la pop et de la variété aurait été changée.

ARTIE SHAW & HIS ORCHESTRA (1938)

Face A : « Indian Love Call »
Face B : « Begin the Beguine »

Pour Artie Shaw, « Begin the Beguine » était un peu le morceau de la dernière chance. Son orchestre tournait depuis plusieurs années avec un succès modéré. Il peinait à se faire une identité et venait de voir s'interrompre son contrat avec le label Brunswick. En annonçant à sa nouvelle maison, RCA, qu'il comptait enregistrer ce thème de Cole Porter, qui n'avait eu aucun succès lui non plus, le clarinettiste prenait un gros risque. « Begin the Beguine » avait été créée par June Knight trois ans plus tôt dans la comédie musicale *Jubilee* pour être aussitôt oubliée. Et d'ailleurs, RCA y croyait tellement peu que les producteurs insistèrent pour que le titre soit relégué en face B du premier 78 tours d'Artie Shaw sous sa nouvelle étiquette.

Bien sûr, ce fut un raz-de-marée ; la biguine envahit les parquets de danse en cette année 1938 et cet air nonchalant se hissa au 3e rang des ventes aux États-Unis. Artie Shaw était lancé et son orchestre allait devenir un des plus populaires de l'ère swing, avec ce titre en mélodie fétiche. Deux ans plus tard, Fred Astaire et Eleanor Powell dansaient « Begin the Beguine » dans le film *Broadway qui danse* et tous les grands orchestres de Harry James, Benny Goodman, Tommy Dorsey ou Glenn Miller l'incluaient dans leur répertoire. Suivaient en bon ordre tous les crooners, de Frank Sinatra à Julio Iglesias en passant par Elvis Presley et Tom Jones. Ella Fitzgerald gravait pour sa part la version jazz de référence.

Danse antillaise, la biguine tire son nom des religieuses les « béguines », mot que le créole adopta pour désigner les femmes blanches.

En France, le titre fut notamment interprété par Eddie Barclay et son orchestre et par Julio Iglesias, sous le titre « Une chanson qui revient ».

RCA VICTOR
45 RPM COLLECTOR'S ISSUE
RCA
"HIS MASTER'S VOICE"
"45" RPM
27-0019-A
Recorded July 24 1938
BEGIN THE BEGUINE
(Cole Porter)
Artie Shaw and his Orchestra
RCA VICTOR DIVISION, RADIO CORPORATION OF AMERICA, CAMDEN, N.J. MADE IN U.S.A.

CHARLES TRENET (1938)

Face A : « Vous êtes jolie »
Face B : « Boum ! »

Troisième grand succès de Charles Trenet en solo après « Je chante » et « Y a d'la joie », « Boum ! » figura pourtant à sa sortie en face B (ou en double face A) de « Vous êtes jolie » sur un 78 tours Columbia consacré à la bande-son du film *La Route enchantée*. Charles Trenet n'a pas de chance avec ce film, sorti sur les écrans le 30 novembre 1938, pour les fêtes de fin d'année. Cette date coïncide en effet avec celle qu'a choisie la CGT pour une grève générale. Résultat, aucun cinéma ouvert ni aucun journal pour s'en faire l'écho. « Le fou chantant » se consolera en obtenant pour ce titre le prix Candide de la chanson 1938.

Le succès de « Boum ! » tient à son tempo enlevé, fidèle à ces titres zazous que Charles Trenet a développés avec Johnny Hess, et à ces onomatopées qui accentuent le rythme à la manière des chanteurs de scat américains qui ont tant influencé les zazous français.

En 1942, une version est enregistrée à Berlin par un mystérieux Charlie & His Orchestra, qui raconte l'histoire d'un marin anglais dont le navire coule et fait « boum » avant l'ensemble de la flotte britannique. Ou quand Trenet sert, à son corps défendant, la propagande nazie.

Utilisée par Hergé dans *Tintin au pays de l'or noir* comme slogan publicitaire d'une compagnie pétrolière, « Boum ! » n'a visiblement pas pris une ride puisque le titre est présent dans la bande-son du film de James Bond sorti en 2012 : *Skyfall*.

BILLIE HOLIDAY (1939)

Face A : « Fine and Mellow »
Face B : « Strange Fruit »

« Strange Fruit » est sans aucun doute la chanson la plus marquante du répertoire de Billie Holiday et constitue une date clef de la musique noire américaine. Lorsqu'elle commença à l'interpréter, en 1939 au Cafe Society le manager du club, Bernard Josephson, insista pour qu'il s'agisse du dernier morceau de son tour de chant, et qu'il soit interprété dans la pénombre, sans que les serveurs circulent ou fassent le moindre bruit. C'est que de tous les titres émouvants figurant dans la palette de la chanteuse, « Strange Fruit » est de loin le plus poignant. Poème écrit deux années plus tôt par un enseignant juif de New York, Abel Meeropol, le texte est une évocation terrifiante du racisme ordinaire dans le sud des États-Unis, qui compare les cadavres des Noirs lynchés à d'étranges fruits pendus aux arbres. Militant communiste, Abel Meeropol adopta les enfants des époux Rosenberg après leur exécution. En reprenant ce titre dans une Amérique anti-communiste et encore largement raciste, Billie Holiday savait qu'elle courait des risques pour sa carrière montante. Mais la chanson fit au contraire beaucoup pour sa renommée internationale et contribua à façonner son mythe.

« Strange Fruit » était cependant beaucoup trop radicale pour la maison de disques de la chanteuse, Columbia, qui refusa de l'enregistrer de peur de heurter le public du Sud profond. Le label autorisa Billie Holiday à graver un disque unique pour le petit label de jazz avant-gardiste Commodore. Son patron, Milt Gabler, qui allait devenir l'un des plus grands producteurs du jazz américain, hésita cependant à la placer en face A. Et « Strange Fruit » se retrouva basculée derrière « Fine and Mellow », un standard bien plus consensuel. Le public ne s'y trompa heureusement pas, achetant le 78 tours pour sa face B. L'impact de la chanson fut considérable et en 1999, le magazine *Time* la désigna même « chanson du XXᵉ siècle ».

Elle fut l'objet de plusieurs reprises, dont la plus célèbre est celle de Nina Simone, qui se l'appropria corps et âme. En 2013, le rappeur américain Kanye West sampla cette version pour son titre « Blood on the Leaves » (« Du sang sur les feuilles »).

CHARLES TRENET (1942)

Face A : « N'y pensez pas trop » Face B : « Douce France »

Si de multiples versions discographiques de « Douce France » existent, la toute première, enregistrée par Charles Trenet sous le code Columbia CL 8296, paraît en 1947 en face B de « N'y pensez pas trop » alors qu'elle est couplée, en face B de son pressage anglais, avec « Que reste-t-il de nos amours ? »

La première version sortie en France est celle que Trenet, qui la destinait à André Claveau, confie finalement à Roland Gerbeau. Elle paraît en 1943, quatre ans avant que son auteur ne la réenregistre lui-même. Voilà une chanson qui prend forcément une signification particulière en pleine Occupation. Pas qu'elle soit jugée subversive, mais bien parce que les autorités allemandes, goûtant peu le côté zazou du « fou chantant » et alertées par une lettre anonyme, soupçonnent qu'il est juif, allant même jusqu'à estimer que son nom est une anagramme de Netter. Trenet devra démontrer son aryanité avant que la chanson soit créée en France en 1943. Elle ressortira avec les honneurs en 1947, après que le chanteur le plus populaire de l'époque se sera également vu taxer de collaborationnisme, autre accusation qu'il finira par démentir, elle aussi. C'est qu'on a également voulu voir dans ce pays rural et éternel décrit par « Douce France » l'image de la France pétainiste et de ses clochers, une image que retiendront d'ailleurs, en l'autorisant, les censeurs de Vichy.

Mais en célébrant cette « douce France bercée de tendre insouciance qu'il a gardée dans [s]on cœur », Charles Trenet signifie bien que ce n'est plus celle de 1942, une forme de résistance passive à l'occupant allemand.

Volontairement ou involontairement, Trenet a créé une chanson politique, une chanson de fierté patriotique et ce n'est pas un hasard si le groupe Carte de Séjour de Rachid Taha, formé de jeunes Beurs issus des banlieues de Lyon, s'en saisit en 1982, pour en faire un hymne à l'intégration. Carla Bruni en enregistra une version franco-italienne en 2011 après que le titre avait été abondamment utilisé pour la campagne de réélection de son époux, Nicolas Sarkozy, qui avait choisi des thèmes de campagne où la France éternelle de la famille, du travail et de la patrie tenait une bonne place.

Puisque la première version internationale du titre sortit en face B de « Que reste-t-il de nos amours ? », évoquons brièvement la carrière exceptionnelle de ce titre, enregistré par des dizaines de stars – Bing Crosby, Frank Sinatra, Marlene Dietrich ou Sam Cooke – dans sa version anglaise, « I Wish You Love ».

FRANK SINATRA (1947)

Face A : «I Believe»
Face B : «Time After Time»

Ce n'était que la face B de «I Believe» sur le premier simple sorti par Capitol en 1947 et pourtant «Time After Time» était le morceau de bravoure du film *It Happened in Brooklyn*, comédie légère de Richard Whorf comme Hollywood en produisait en masse pour remonter le moral des Américains dans l'immédiat après-guerre. Le slogan du film, qui voit trois jeunes gens mal partis finir par réaliser leur rêve de gloire, est d'ailleurs sans ambiguïté : *«Happy songs! Happy stars! Happy romance!»* L'heure est au bonheur à tout prix. Le film est l'un des premiers où Frankie ne joue pas son propre rôle et il reçoit un bon accueil critique, même si Peter Lawford, qui deviendra avec lui l'un des membres du célèbre Rat Pack, lui vole un peu la vedette. Les autres noms à l'affiche du film sont Kathryn Grayson et Jimmy Durante, l'une des premières grandes stars italo-américaines.

«Time After Time» est due au piano de Jule Styne et à la plume de Sammy Cahn, le tandem qui composa la plupart des succès de Sinatra chez Capitol à la fin des années 1940. Cahn, le parolier, obtiendra trois Academy Awards pour des chansons écrites pour "Frankie blue eyes". Si le titre ne recueillit pas un succès immédiat, il devint un standard du music-hall et du jazz américain, repris par près d'une centaine d'artistes, dont Paul Anka, Shirley Bassey, Tony Bennett, James Brown, Ella Fitzgerald, Judy Garland, Rod Stewart ou Placido Domingo.

Les collectionneurs seront ravis d'apprendre qu'une version française existe, intitulée «Pendant des jours et des jours» et interprétée par les Hamsters.

ODÉON
53
MADE IN FRANCE
Odéon

YVES MONTAND (1948)

Face A : « Parce que ça me donne du courage »
Face B : « À Paris »

« À Paris » est un des classiques du répertoire d'Yves Montand, qui figure sur de très nombreux enregistrements du plus grand crooner français, et pourtant, elle n'apparaît pas immédiatement en face A de ses microsillons. C'est ainsi que sur le premier disque du chanteur produit en 1948 par Odéon, où Montand est accompagné par Bob Castella et ses Rythmes, elle cède la vedette à « Parce que ça me donne du courage ». Sans doute parce que cette dernière chanson est l'œuvre d'un duo de compositeurs à succès, Mireille et Jean Nohain, tandis que « À Paris » est la création d'un jeune auteur-compositeur encore inconnu du nom de Francis Lemarque. Ce dernier, né Nathan Korb, rue de Lappe, à la fin de la guerre de 14-18, a même monté une revue de ce titre en 1947 au théâtre Albert-Ier. Devant l'insuccès de l'entreprise, Francis Lemarque s'est résigné, sur les conseils de Jacques Prévert, à faire enregistrer ce titre par un autre. Yves Montand est le jeune chanteur dynamique et séduisant qui monte. Il a la gouaille et le physique qui manquent sans doute à l'auteur. Il a aussi le talent pour transcender ce titre et en faire l'un des grands moments de ses tours de chant. Peu importe qu'Ivo Livi soit marseillais et qu'il n'ait débarqué dans la capitale que depuis peu. Ce « À Paris » rappelle un peu le « Paris libéré » du général de Gaulle et vient confirmer que la Ville Lumière a retrouvé le sourire après les années d'occupation qui ont conduit Francis Lemarque à se réfugier en zone libre, à Marseille justement. Bouleversé par les interprétations que fait Yves Montand de ses titres, il va alors écrire près d'une trentaine de chansons pour son interprète favori, dont « Je vais à pied », « Bal petit bal » ou « Ma douce vallée ». En 1951, « À Paris » est éditée en face A chez Parlophone, mais en Australie ! Inséparables, Lemarque et Montand reposent désormais côte à côte au cimetière du Père-Lachaise. À Paris, bien sûr.

HANK WILLIAMS (1949)

Face A : « My Bucket's Got a Hole in It »
Face B : « I'm so Lonesome I Could Cry »

Durant sa relativement courte carrière, interrompue par son décès d'une surdose d'antalgiques à l'âge de trente ans, Hank Williams a jeté les bases de la country-music, écrit une vingtaine des plus belles chansons de ce répertoire pour devenir l'un des mythes de la musique populaire américaine. Sans Hank Williams, pas d'Elvis Presley, pas de Johnny Cash, sans doute pas de Bob Dylan. L'importance de son œuvre est considérable et « The Hillbilly Shakespeare » lègue une série de classiques inusables, qui ont réinventé l'art d'écrire une chanson. Hank avait le génie de pondre un texte simple et universel, croquant en trois minutes une tranche de vie ou un sentiment, le plus souvent le mal de vivre ou la détresse. Son chant le plus désespéré reste sans doute « I'm so Lonesome I Could Cry », signé en 1949, probablement en référence à sa relation tumultueuse avec son épouse, la chanteuse Audrey Sheppard. Le premier couplet résume toute la manière de Williams, et son influence à venir sur la façon d'écrire des auteurs américains : « Entends cet oiseau de nuit solitaire, trop triste pour voler, le train de minuit pousse sa sourde plainte et je suis seul à en pleurer. »

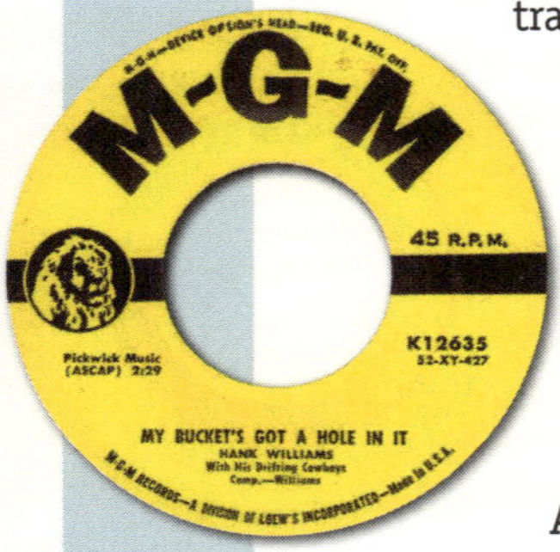

Superbe complainte que son auteur envisageait au départ de réciter plutôt que de chanter, elle ne fut pourtant placée qu'en face B de « My Bucket's Got a Hole in It », à l'époque où les titres entraînants étaient placés en avant, et les ballades au deuxième plan. L'ensemble se classa au 2e rang des classements de ventes country.

Mais c'est « I'm so Lonesome I Could Cry » qui passa à la postérité. Le titre est d'ailleurs le plus ancien retenu par le magazine *Rolling Stone* dans son classement des 500 meilleures chansons de tous les temps. Les reprises en sont innombrables, les plus connues étant sans doute celle d'Elvis Presley, ou encore celle enregistrée en duo par Johnny Cash et Nick Cave en 2002. En 1966, la version de B. J. Thomas s'était placée au 8e rang des ventes aux États-Unis.

PATTI PAGE (1950)

Face A : « Boogie Woogie Santa Claus »
Face B : « Tennessee Waltz »

Fin 1950, Patti Page produit un single de saison, « Boogie Woogie Santa Claus », chanson de Noël comme il en sort des dizaines à l'époque. Comme il faut une face B, elle choisit d'enregistrer « Tennessee Waltz », modeste hit country pour les Golden West Cowboys et les Cowboy Copas, parce que c'est l'une des chansons préférées de son père. Le titre a été écrit sur la route par Pee Wee King et Redd Stewart, leaders des Golden West Cowboys, en réponse au « Kentucky Waltz » de Bill Monroe. Le thème en est classique : une jeune femme présente son fiancé à sa meilleure amie et celle-ci danse avec le garçon une valse endiablée qui va briser le couple. En dépit des fêtes de fin d'année, c'est la face B qui se retrouve au pied du sapin et atteint la 1re place des classements du *Billboard* le 30 décembre 1950. Le succès est tel que « Boogie Woogie Santa Claus » est rapidement effacée des tablettes et que « Tennessee Waltz » reparaît en face A, avec au dos une autre chanson, « Long Long Ago ». Des reprises quasi instantanées sont signées par Les Paul et Mary Ford, et par Jo Stafford. Outre-Atlantique, Petula Clark s'y frotte également en cette même année 1950.

En enregistrant ce morceau, Patti Page s'était inspirée d'une version R'n'B d'Erskine Hawkins et le titre sera par la suite essentiellement réinterprété par des chanteurs noirs, Sam Cooke, LaVern Baker, Otis Redding puis James Brown qui l'incluront dans leur répertoire.

« Tennessee Waltz » est aussi l'une des rares reprises effectuées par Leonard Cohen, qui ne put cependant s'empêcher d'y imprimer sa marque en ajoutant un couplet.

HENRI SALVADOR (1950)

Face A : « Le marchand de sable »
Face B : « Le loup, la biche et le chevalier »

« Une chanson douce, que me chantait ma maman. » Mais en face B ! Pour endormir bébé, il fallait en effet, sur le microsillon publié en 1950 par Polydor, commencer par « Le marchand de sable », autre classique de la berceuse, il est vrai. Les deux titres ont d'ailleurs été gravés le même jour, lors d'une séance d'enregistrement rue Jenner avec le trio d'Emil Stern, comme Henri Salvador un ancien des Collégiens de Ray Ventura. Pour « Le loup, la biche et le chevalier », le crooner guyanais est accompagné par Jack Diéval, qui deviendra son pianiste attitré. Bizarrement, c'est pendant une nuit d'insomnie que le parolier Maurice Pon a écrit cette berceuse dont les trois premiers mots sont si connus qu'on pense souvent qu'ils sont le titre de la chanson. Bordelais monté à Paris au début des années 1940, poète, dramaturge et musicien, Maurice Pon est l'un des grands complices d'Henri Salvador, avec qui il va écrire quelques-uns des classiques du chanteur comme « Le travail, c'est la santé », « L'abeille et le papillon », « Petit Indien », « Dans mon île », « Croqu' Soleil » ou « Les bestioles ». C'est peu de dire que le tandem a composé un classique, repris par Bernard Lavilliers, Enzo Enzo ou encore Céline Dion, mais surtout par des milliers de mamans de France et de Navarre. Maurice Pon se fera par la suite une spécialité de la chanson pour enfants, créant notamment un label spécialisé.

MOULOUDJI (1954)

Face A : « On m'a donné une âme »
Face B : « Un jour, tu verras »

« Un jour, tu verras » a connu des débuts discrets. C'est tout d'abord une rengaine poussée par Mouloudji dans un film à sketches, *Secrets d'alcôve*, où le chanteur et comédien interprète Riquet, un camionneur qui pousse la chansonnette pour séduire Françoise Arnoul. Si le film n'a guère de succès, la mélodie, signée du grand Georges Van Parys, trotte dans les têtes. Et Mouloudji l'enregistre courant 1953 avec l'orchestre de Michel Legrand. Mais « Un jour, tu verras » n'a même pas les honneurs de la face A de ce 45 tours quatre titres. On lui préfère « On m'a donné une âme », reprise de Renée Lebas.

Le temps donnera pourtant raison à cette valse mélancolique qui prône l'espoir, et donc la vie. Outre la mélodie entêtante de Van Parys, dont Mouloudji interprétera également « La complainte de la Butte », on y retrouve tout l'univers du chanteur touche-à-tout, l'orgue de Barbarie, le vieux Paris, le bal perdu. Et ces rimes en « on » que les critiques lui reprochent, mais qui font tourner la valse comme un flonflon ou un accordéon. Réhabilitée par Jacqueline François en 1957, « Un jour, tu verras » rencontre enfin le succès.

Plus tard, Nana Mouskouri, Michel Delpech, Fabienne Thibeault, Claude Nougaro, Daniel Guichard, Jacques Dutronc et Juliette Gréco se laisseront à leur tour séduire par la jolie rengaine, devenue un classique et tout simplement l'une des plus belles chansons sur le destin et l'amour inéluctable.

DECCA
MARCA REGISTRADA · MFG'D BY DECCA RECORDS, INC., NEW YORK, U.S.A.
DECCA
RECORD NO
9-29124
(86163)
(2:08)
14
(We're Gonna)
ROCK AROUND THE CLOCK
(Jimmy De Knight-Max C. Freedman)
BILL HALEY
AND HIS COMETS

BILL HALEY (1954)

Face A : « Thirteen Women (and Only One Man in Town) »
Face B : « Rock Around the Clock »

Si Bill Haley n'avait pas existé, la face du rock en eût été changée. Et pourtant, « Rock Around the Clock », le titre qui a déclenché une vogue qui n'a jamais cessé depuis, était à l'origine – sur le single produit par Decca en 1954 – reléguée dans l'ombre de « Thirteen Women », un titre country beaucoup plus dans les cordes de notre chanteur trentenaire et joufflu, devenu malgré lui le prophète d'une génération. Et c'est seulement en dix minutes en fin de session que sera enregistré le futur hit. C'est le cinéma qui va relancer le titre lorsqu'il est choisi pour le générique du film de Robert Aldrich *Graine de violence* mettant en scène l'éclosion d'une nouvelle jeunesse rebelle aux États-Unis. La chanson – sortie la première fois sous son titre complet de « (We're Gonna) Rock Around the Clock » – devient un succès encore plus retentissant que le film et se hisse en tête du Hot 100 américain pendant tout l'été 1955. Classique indémodable, extrait obligé de toutes les anthologies sur le rock'n'roll, le titre signé Max C. Freedman et Jimmy de Knight (de son vrai nom James E. Meyers, et qui fut un conseiller technique avisé sur *Graine de violence* !) s'est vendu à au moins 30 millions d'exemplaires. Il a été réenregistré à de multiples reprises par Bill Haley ; les collectionneurs noteront que la version originale dure 2'08" et comprend Bill Haley au chant et à la guitare, Marshall Lytle à la contrebasse, Joey Ambrose au saxophone, Billy Williamson à la steel guitar, Johnny Grande au piano et Billy Gussak à la batterie. Le grand moment du morceau est le solo de guitare de Danny Cedrone, musicien de studio qui mourra d'une chute dans un escalier en 1954 et ne connaîtra jamais le succès météorique des Comets ! À noter enfin que Bill Haley ne fut pas le premier à enregistrer ce titre, sorti en mars 1954 par Sonny Dae and His Knights.

ÉDITH PIAF (1956)

Face A : « Les amants d'un jour »
Face B : « L'homme à la moto »

« L'homme à la moto », c'est un peu l'hommage d'Édith Piaf à la génération rock'n'roll qui arrive et l'un des morceaux phares du 45 tours quatre titres Columbia paru en 1956 et où l'on retrouve « Les amants d'un jour », « Soudain une vallée » et « Avant nous ». Créée par la Môme cette même année 1956 sur la scène de l'Olympia, c'est une adaptation d'un succès du groupe The Cheers, « Black Denim Trousers and Motorcycle Boots », grand succès aux États-Unis l'année précédente. Évocation effrayante de ces « bikers » qui déferlent sur l'Amérique et bientôt sur l'Europe à la suite des films de Marlon Brando et James Dean, le titre est signé Jerry Leiber et Mike Stoller, les deux compositeurs à succès des années rock'n'roll, connus pour leur travail avec Elvis Presley et d'innombrables formations de rhythm'n'blues noir comme les Coasters ou les Drifters. Jean Dréjac, le parolier de Piaf, avouera avoir été influencé par le film *L'Équipée sauvage* pour son adaptation du morceau de Leiber & Stoller.

Devenu un classique de Piaf, le titre sera repris de nombreuses fois, par Nicoletta, Vince Taylor, Catherine Ribeiro, Michèle Torr ou plus près de nous Florent Pagny. En 2007, le journaliste Stan Cuesta consacra un livre entier (Éditions Scali) à « L'homme à la moto », y voyant l'acte de naissance du rock français.

EDITH
PIAF
LES
AMANTS
D'UN JOUR
SOUDAIN UNE VALLÉE
L'HOMME
A LA MOTO
AVANT NOUS
Columbia

Capitol
REGD. TRADE MARK CAPITOL RECORDS INC
REGD. USER E.M.I. LTD.
CAPITOL REC
MADE BY ELECTRIC & MUSICAL INDUSTRIES, LIMITED IN GT. BRITAIN
REGISTERED USER
Capitol
TRADE MARKS REGD.
A CAPITOL RECORDS INC. U.S.A. RECORDING
45-CL
14599
F 15230 45
LOWERY
ENTERPRISES
BE-BOP-A-LULA
(Sheriff Tex Davis—Gene Vincent)
GENE VINCENT
and His Blue Caps
ELECTRIC AND MUSICAL INDUSTRIES LIMITED
(RECORD DIVISION)
8-11 GREAT CASTLE STREET · LONDON · W1
Made and Printed in Great Britain

GENE VINCENT (1956)

Face A : « Woman Love » **Face B : « Be-Bop-a-Lula »**

Comme la plupart des titres de l'époque, où les contrats discographiques et les séances d'enregistrement se déroulaient dans la plus grande improvisation, « Be-Bop-a-Lula » a une genèse et une histoire des plus confuses. Le titre du grand classique de Gene Vincent lui serait venu en écoutant à la radio la chanson « Don't Bring Lulu » ou bien à la vue du titre d'une bande dessinée intitulée *Little Lulu*. Dans un cas comme dans l'autre, Gene Vincent se serait exclamé *« Be-bop-a-lula »*, une expression de scat employée par les musiciens de jazz pour exprimer leur appréciation et qu'on retrouve, sous des formes diverses chez Louis Jordan ou Little Richard. Sont ensuite associés à l'écriture du titre Don Graves, un ami de Vincent, et Tex Davis, son futur manager qui aurait racheté les droits du titre à Graves pour en toucher les royalties, pratique courante à l'époque. D'après Gene Vincent lui-même : « J'entre dans la chambre complètement bourré et je m'écroule sur le lit. Là, Don Graves et moi commençons à regarder cette foutue BD, appelée *Little Lulu*. Là, j'ai dit : "Mince, c'est Be-Bop-a-Lulu !" Et il répond, ça swingue, ça... Et on a écrit la chanson. » Interprétée à la radio début 1956, elle attire l'attention de Capitol, qui cherche un rival à Elvis Presley. Gene Vincent et ses excellents Blue Caps l'enregistrent en mai, mais elle est d'abord reléguée en face B de « Woman Love », qui est un bide. La diffusion de la face B entraîne un véritable raz-de-marée et permet à Gene Vincent de l'interpréter dans le film *La Blonde et moi* de Frank Tashlin, avec Jayne Mansfield. Le cri strident à la fin du couplet est poussé par le batteur Dickie Harrell, qui voulait que sa famille reconnaisse sa voix. Les reprises sont légion, mais celles des Beatles puis de John Lennon sont essentielles : « Be-Bop-a-Lula » serait ainsi le premier disque acheté par Paul McCartney, qui aurait découvert John Lennon en l'entendant chanter ce titre avec les Quarrymen.

ELVIS PRESLEY (1956)

Face A : « Don't Be Cruel »
Face B : « Hound Dog »

Elvis est l'un des premiers à avoir systématisé les 45 tours double face dont la face B est systématiquement aussi forte que la face A, au point que l'on ne sait trop sur quelle face du disque figure le tube. C'est le cas de « Hound Dog », enregistrée lors de la même session que « Don't Be Cruel », qui figure sur l'autre face du même single publié par RCA en juillet 1956. Peut-être ce dernier titre s'est-il vu placer nominalement en tête parce qu'il s'agit du premier morceau proposé au King par son éditeur. Écrite par Otis Blackwell, « Don't Be Cruel » est également créditée à Presley, qui avait pour habitude de récupérer un tiers des royalties pour l'honneur qu'il faisait aux auteurs en enregistrant leurs titres. Ce n'est pas le cas pour « Hound Dog », reprise d'un succès du rhythm'n'blues popularisé trois ans plus tôt par Big Mama Thornton. Signé du célèbre tandem formé par Jerry Leiber et Mike Stoller, le titre était aussi à l'origine crédité au maître du rythm and blues, Johnny Otis, qui disparaîtra par la suite des ayants droit. Après plusieurs adaptations country, une première version rock'n'roll, due à Freddie Bell & The Bellboys, était parue en 1954. C'est cette version qui donnera à Elvis l'envie de l'enregistrer à son tour, avec un texte légèrement remanié. C'est sur « Hound Dog » que le King se livrera à ses déhanchements les plus suggestifs, qui pousseront les télés américaines à le filmer au-dessus de la ceinture. Face A ou B, « Hound Dog » et « Don't Be Cruel » alterneront et cohabiteront au sommet du Hot 100 du Billboard pendant onze semaines avant d'être délogées par un autre titre d'Elvis Presley, « Love Me Tender ».

RICHARD BERRY & THE PARAOHS (1957)

Face A : « You Are My Sunshine »
Face B : « Louie Louie »

« Louie Louie » peut légitimement revendiquer le titre de chanson la plus reprise de tous les temps puisque les spécialistes en recensaient en 1993 plus de 1 200 versions ! Et pourtant, son auteur, Richard Berry, qui l'avait enregistrée sous forme de calypso en 1955 avant de la sortir en 1957 sur une face B, était loin de se douter de son succès futur. Il en avait même vendu les droits en 1959 pour 750 dollars afin de payer son mariage.
C'est sept ans après sa sortie initiale au verso de « You Are My Sunshine » que le titre va connaître un destin hors du commun. Par son extrême simplicité, la chanson, d'abord exhumée par un certain Rockin' Robin Roberts, est devenue une des reprises favorites de groupes débutants sur tout le territoire des États-Unis. Et c'est une obscure formation de Portland qui va remporter la mise : les Kingsmen. Pour 36 dollars, le groupe enregistre à la va-vite une version approximative qui va devenir en 1964 un des tubes les plus inattendus de l'histoire de la musique populaire. Leur chanteur, Jack Ely, ne comprenant pas toutes les paroles de l'original, les reprend phonétiquement tout en marmonnant en yaourt. Et la rumeur court que le titre, qui parle en réalité d'un marin jamaïcain espérant retrouver sa fiancée au pays, est truffé de paroles cochonnes. Chacun – y compris le FBI ! – tente d'ailleurs de décrypter ce texte abscons, qui propulse le morceau en tête des ventes. Jack Ely quittera d'ailleurs les Kingsmen rapidement, forçant un autre membre du groupe à faire du play-back pendant toute la promo du disque. « Louie Louie » est depuis considérée comme le point de départ de la vogue du rock garage puisque chacun se sent désormais capable de faire au moins aussi bien… Le titre est devenu à ce point culte qu'il a suscité plusieurs ouvrages et de multiples compilations. Quant à Richard Berry, il a récupéré en justice une partie de ses droits en 1985, sans en vouloir à la maison de disques qui les lui avait rachetés trente-cinq ans plus tôt : « Cela se faisait tout le temps à l'époque. Et je ne peux pas en vouloir à un label qui avait donné l'occasion à cinq jeunes Noirs d'enregistrer. »
« J'ai été flatté de ce succès, mais dans le même temps amer de voir tous ces millions partir dans la poche d'un autre […] »

BUDDY HOLLY & THE CRICKETS (1957)

Face A : « Oh Boy »
Face B : « Not Fade Away »

Certaines chansons sont ce que les Américains appellent des *slow burners*, des chansons à combustion lente, qui mettent du temps à atteindre leur plein régime. C'est le cas de « Not Fade Away », l'un des classiques de Buddy Holly, qui ne rencontra guère de succès à sa sortie en octobre 1957 en face B du 45 tours des Crickets *Oh Boy*. Le disque parut sous le nom des Crickets sur le label Brunswick parce que Buddy était toujours sous contrat avec Decca. Le titre s'appuie sur un tempo balancé emprunté à Bo Diddley, qui avait fait de ce rythme une marque de fabrique, le Bo Diddley Beat, directement inspiré du djoumba ou du hambone, danses africaines répandues en Haïti. Jerry Allison, le batteur des Crickets, devrait être crédité du titre, ayant lancé ce beat appuyé sur le tom basse de sa batterie avant que Buddy Holly ne s'en empare pour en écrire les paroles sous le pseudonyme de Charles Hardin (ses deux premiers prénoms). On a longtemps prétendu que « Not Fade Away » était le dernier titre joué par Holly sur scène avant sa mort dans un accident d'avion. Mais il semble que ce ne soit pas le cas. La postérité du titre fut bien plus populaire que l'original et notamment dans la version qu'en fournirent les Rolling Stones en 1963. Enfin publiée en face A (avec « Little By Little » en face B), cette reprise offrit aux Stones leur premier Top 5 au Royaume-Uni et fut leur premier single à sortir aux États-Unis. Mick Jagger et ses compères avaient coutume de commencer leurs concerts par ce titre.

Le titre fut également enregistré par Sheryl Crow, Rush, James Taylor, les Everly Brothers, et des dizaines d'autres artistes l'interprétèrent sur scène, dont Bruce Springsteen. Un film intitulé *Not Fade Away* (David Chase, 2012) raconte les débuts du rock dans les années 1960.

En France, c'est Dick Rivers qui s'y est collé avec « Bientôt à moi » en 1964.

THE COASTERS (1957)

Face A : « Youngblood » Face B : « Searchin' »

S'ils se sont fait connaître grâce à la reprise que fit Elvis Presley de leur chanson pour Big Mama Thornton, « Hount Dog » (voir ce titre), c'est avec les Coasters que Jerry Leiber et Mike Stoller ont véritablement enchaîné les succès et créé un style unique qui a marqué à jamais l'histoire du rock. Les musiques de Mike Stoller puisent leur source dans le doo-wop et le rhythm and blues, tandis que les textes de Jerry Leiber lorgnent vers cet humour juif new-yorkais qui a déjà fait la fortune de tant d'auteurs de standards comme Lorenz Hart. Cet alliage est un métal précieux qui va changer en or les disques des Coasters, avec lesquels Stoller et Leiber ont déjà travaillé lorsque les Coasters officiaient encore sous le nom des Robins. Et c'est « Searchin' », face B de « Youngblood », sorti en 1957, qui va faire mouche. Avec son rythme chaloupé, ses paroles allusives où sont cités tous les grands détectives susceptibles d'aider le chanteur lead des Coasters, Billy Guy, à retrouver sa bien-aimée, le titre permet au quatuor vocal de quitter le ghetto de la musique noire pour toucher un plus large public. Si « Youngblood » se classe tout de même au 21e rang du Billboard, c'est « Searchin' » qui emporte la décision en grimpant dans le trio de tête. Ce disque sera le premier d'une série de 24 titres, signés Leiber et Stoller et interprétés par les Coasters, à se placer dans le Top 20 aux États-Unis.

La postérité de « Searchin' » est d'autant plus importante que c'est l'une des chansons préférées de Paul McCartney, qui l'a placée dans les dix disques qu'il emporterait sur une île déserte. Les Beatles jouèrent d'ailleurs ce titre lors de leur audition chez Decca en 1962. Comme chacun le sait, ils furent recalés.

Dans son autobiographie, Mike Stoller explique : « "Searchin' a marqué le début d'un style de rock'n'roll plus international. Nous n'avons pas cherché à toucher un plus large public. C'est plutôt le monde qui s'est mis à tourner dans le même sens que ce que nous écrivions. »

EDDIE COCHRAN (1958)

Face A : « Love Again »
Face B : « Summertime Blues »

À dire vrai, « Summertime Blues » ne resta pas très longtemps la face B de « Love Again » sur le single produit par Eddie Cochran en juillet 1958. Le potentiel de ce qui allait devenir l'un des grands standards du rock'n'roll était nettement supérieur, mais Cochran avait voulu faire plaisir à l'auteure de la face A, Sharon Sheeley, qui allait devenir sa petite amie. Classique indémodable sur l'ennui adolescent pendant les vacances, « Summertime Blues » se hissa cet été 1958 à la 8e place du Hot 100 américain et à la 18e place des charts britanniques.

Reprise par les Beach Boys quatre ans après sa sortie, la chanson retrouva les hit-parades à plusieurs reprises. La version très musclée de Blue Cheer, qui se classa 14e au Billboard en 1968, est considérée comme le premier single de heavy metal à avoir figuré dans les charts. Deux ans plus tard, la version la plus connue du titre après celle de son auteur fut celle des Who, extraite de l'album *Live at Leeds*. Cette version puissante se glissa dans le Top 30 des ventes aux États-Unis. En 1994, enfin, Alan Jackson en plaça une nouvelle mouture à la 1re place des charts country américains. On compte de multiples autres reprises de Bruce Springsteen, T. Rex, Olivia Newton-John ou du groupe Rush.

En France, c'est bien sûr Johnny qui s'y colla avec une adaptation connue sous le nom de « La fille de l'été dernier ».

Quant à Sharon Sheeley, qu'on entend taper dans ses mains dans l'original de Cochran, elle ne fut pas que la compositrice de « Love Again ». La jeune femme, qui se trouvait avec l'idole lors de l'accident de taxi qui lui coûta la vie entre Bristol et Londres en avril 1960, avait également écrit pour son fiancé le superbe « Somethin' Else » et « Poor Little Fool » pour Ricky Nelson, qui fut numéro 1. On lui doit aussi « Breakaway » d'Irma Thomas (voir ce titre).

CLIFF RICHARD & THE DRIFTERS (1958)

Face A : « Schoolboy's Crush »
Face B : « **Move It** »

« Move It » lança la carrière d'un jeune chanteur d'origine indienne du nom de Harry Webb, qui se fit connaître sous le nom d'emprunt de Cliff Richard. Les historiens du rock estiment qu'il s'agit de la première chanson de rock'n'roll enregistrée au Royaume-Uni, celle qui fit véritablement bouger les choses. À l'origine reléguée en face B du plus conventionnel « Schoolboy's Crush », elle fut promue au rang de face A sur l'insistance de l'animateur de télévision Jack Good, qui souhaita la voir interprétée lors du passage de Cliff et de ses Drifters dans son émission, *Oh Boy!* Enregistrée à l'été 1958, elle ne porta pas immédiatement chance à son auteur, Ian Samwell, le guitariste des Drifters, puisque leur producteur insista pour le remplacer par un meilleur guitariste lorsque le titre grimpa jusqu'à la 2e place des charts britanniques. Samwell céda sa place à Hank Marvin, les Drifters devinrent les Shadows et l'histoire du rock anglais débutait. Mais Ian Samwell eut sa revanche. Non seulement il devint un auteur régulier pour ces mêmes Shadows, mais il entama alors une remarquable carrière de compositeur producteur. En 1959, son « Say You Love Me Too » devint le premier titre d'un compositeur d'outre-Manche enregistré par un groupe de R'n'B noir américain, en l'occurrence les Isley Brothers. Samwell, qui inventa le métier de DJ en Angleterre en tenant les platines du Lyceum, premier grand club londonien à se passer d'orchestre, découvrit en 1962 le groupe America, dont il produisit le premier album et le succès planétaire « A Horse with No Name ».

Richard Anthony enregistra en 1959 une version française de « Move It », intitulée « Chanson magique ».

RITCHIE VALENS (1958)

Face A : « Donna »
Face B : « La bamba »

Comme toutes les chansons traditionnelles, « La bamba » a des origines aussi anciennes qu'imprécises. On sait avec certitude que c'était un air en vogue lors des mariages dans la région de Vera Cruz, dont les paroles étaient largement improvisées, mais dont certaines revenaient constamment, comme *« no soy marinero, soy capitan »* ou *« Yo no soy marinero, pero aquí seré »* (« je ne suis pas marin, je suis capitaine » ou « je ne suis pas marin, mais désormais j'en serai un »). Ces paroles proviendraient de la version originale de la chanson, composée à la fin du XVIIe siècle lors du débarquement à Vera Cruz du pirate hollandais Laurens de Graaf, dont on craignait qu'il ne donne lieu à des combats. Ce débarquement eut lieu sans heurts et une grande fête fut donnée qui lança la tradition de « La bamba » ainsi que des danses qui l'accompagnent. « Bamba » viendrait de l'espagnol *bambalear* (« se dandiner ») ou aurait des origines africaines. Ce que l'on sait, c'est que Ritchie Valens accepta d'en enregistrer une version rock en 1958, ayant appris les paroles de sa grand-mère. Publié en octobre 1958 en face B de « Donna », le titre devint un immense succès quatre mois plus tard à la mort du pionnier du rock chicano lors de l'accident d'avion qui coûta également la vie à Buddy Holly et à The Big Bopper. Ritchie Valens, de son vrai nom Richard Steven Valenzuela, n'avait que dix-sept ans et avait été tiré au sort pour effectuer le voyage en avion alors que d'autres membres de la tournée continuaient en bus.

Parmi les très nombreuses versions de la chanson, la plus connue reste sans doute celle enregistrée par Los Lobos pour le film du même nom en 1987. Cette version fut numéro 1 des deux côtés de l'Atlantique à la sortie du film.

LARRY WILLIAMS (1958)

Face A : « Dizzy Miss Lizzy »
Face B : « Slow Down »

Larry Williams n'est qu'un second couteau du rhythm'n'blues et pourtant il partage avec Carl Perkins un honneur rare, celui d'avoir vu trois de ses chansons enregistrées par les Beatles. Des trois, la plus connue, la plus marquante, et certainement la plus reprise est « Slow Down », face B de « Dizzy Miss Lizzy », également réinterprétée par les Beatles dans leur album *Help*. Le troisième titre de Larry Williams repris par les Fab Four est « Bad Boy ». Si Paul McCartney était un inconditionnel de Little Richard, le vrai fan de Larry Williams était John Lennon, qui enregistra aussi le grand succès de ce dernier, « Bony Moronie », sur son album *Rock'n'roll*.
Larry Williams connut son heure de gloire après le départ de Little Richard de leur label commun, Specialty. « Slow Down » est particulièrement intéressante parce qu'elle débute par une longue intro instrumentale de trente secondes, ce qui est assez rare à cette époque, mais aussi par sa rythmique typique de la production de La Nouvelle-Orléans à cette époque. Elle bénéficie des talents d'Earl Palmer, sans doute l'un des plus grands batteurs de l'histoire, qui, dit-on, inventa le mot *funky*.
Incluse par les Beatles en 1964 dans leur EP de reprises de rock'n'roll, elle cohabite avec « Long Tall Sally » de Little Richard et « Matchbox » de Carl Perkins et offre un aperçu de ce qu'était leur son lorsqu'ils officiaient au Star Club de Hambourg.
« Slow Down » fut également adoptée, parmi bien d'autres, par les Jam, les Flamin' Groovies, Bobby Fuller, les Rascals, Led Zeppelin (en concert) et en France par Long Chris.
« Dizzy Miss Lizzy » fut couverte par Ronnie Hawkins, Cliff Richard, les Flying Lizards ou les Flamin' Groovies, faisant du 45 tours de Larry Williams sans doute l'un des plus pillés de l'histoire du rock.

KING
STOCK COPIES
KG-508-A
Produced by
HENRY GLOVER
Recorded at
KING RECORDING
STUDIO
Cincinnati, OH
TIME 2:33
K-2012
ORIGINAL MONO
VERSION
FT. KNOX / BMI
© ℗ 1979 GUSTO
RECORDS, Inc.
Nashville, TN
"The Twist"
(H. Ballard)
HANK BALLARD &
THE MIDNIGHTERS
© ℗ 1986 RICHMOND MFG. & DIST., Inc. • Markham, Ontario - Canada

HANK BALLARD & THE MIDNIGHTERS (1959)

Face A : « Teardrops on Your Letter »
Face B : « The Twist »

Eh oui ! C'est une face B qui lança la danse la plus célèbre des années 1960 : le twist ! Si le mot désignait déjà depuis le début du siècle, dans l'argot noir américain, aussi bien la danse que le sexe, personne avant Hank Ballard n'avait eu l'idée d'en faire un disque. Et c'est en s'inspirant d'un vieux titre des Drifters et en y incorporant de nouvelles paroles que le twist vit le jour. Las, le producteur des Midnighters, Henry Glover, préféra placer en face A une de ses compositions – royalties obligent ! – et « The Twist », paru fin 1959, n'obtint pas l'audience qu'il méritait. Le disque parvint cependant jusqu'à Dick Clark, animateur de la très populaire émission *American Bandstand*. Ce dernier voulut faire venir Hank Ballard et son groupe, mais ils n'étaient pas libres. Aussi Dick Clark se rabattit-il sur un chanteur local, Chubby Checker, pour réenregistrer la chanson et l'interpréter dans son show. Et c'est ainsi que la folie du twist s'empara de l'Amérique et du reste du monde. Pour les cinquante ans du Hot 100 du Billboard, « The Twist » fut tout simplement désignée numéro 1 de toutes les chansons y ayant figuré en un demi-siècle. Il faut dire que la version de Chubby Checker s'est retrouvée en tête des ventes aux États-Unis à deux reprises à deux ans d'intervalle. En 1962, avec un temps de retard, le titre se remit à marcher après que de nombreuses stars eurent avoué danser régulièrement le twist, cette version plus sage et policée du rock'n'roll. La danse fut alors adoptée par les adultes et devint le « must » des soirées entre amis. En ce sens, la chanson de Hank Ballard joua un rôle considérable dans l'acceptation du rock par les générations plus âgées.

CHUCK BERRY (1959)

Face A : « Back in the USA » Face B : « Memphis, Tennessee »

« Memphis, Tennessee » est l'une des chansons les plus connues de Chuck Berry et elle ne figurait pourtant, à sa sortie en 1959 sur le label Chess, qu'en face B de « Back in the USA », un titre écrit au retour du chanteur et guitariste d'une tournée en Australie. Musicalement, c'est du Chuck Berry classique et efficace, mais comme à son habitude, c'est en paroles que l'auteur se distingue en construisant une véritable petite histoire de trois couplets pris sur le vif. À l'attaque, on comprend que le chanteur veut être mis en relation avec un numéro de téléphone à Memphis. Dans le deuxième couplet, on apprend qu'il veut parler à Marie, dont on pense qu'elle est un amour impossible « parce que sa mère ne veut pas qu'il la voie ». Dans le dernier couplet, enfin, on apprend que Marie a six ans et qu'il s'agit de sa fille. Chuck Berry n'a pas son pareil pour croquer en moins de trois minutes, sans avoir l'air d'y toucher, un vrai drame humain plein d'ambiguïtés et de sous-entendus. La chanson devient aussitôt populaire grâce à sa présence dans le film *Go, Johnny Go !*, où son auteur interprète son propre rôle. Chuck Berry lui donnera d'ailleurs une suite quelques années plus tard, sous le titre de « Little Marie ». Mais en 1959, alors qu'il s'installait comme une valeur sûre du *music business*, sur le marché pop aussi bien que sur le marché R'n'B, Chuck Berry est arrêté et condamné à trois ans de prison pour avoir eu des relations sexuelles avec une serveuse âgée de quatorze ans. À sa sortie de prison, fin 1963, la vague du rock'n'roll a cédé le pas aux groupes anglais de la British Invasion, mais son étoile, loin de pâlir, ne fait que se renforcer, les Beatles et les Rolling Stones s'affirmant comme des fans inconditionnels de son œuvre. Et c'est ainsi que « Memphis, Tennessee » atteint la 6e place des charts anglais quatre ans après sa sortie initiale. Dans la foulée, en 1964, le rocker blanc Johnny Rivers publie sa version *live* du titre, enregistrée au Whisky-A-Go-Go, qui se hisse à la 2e place du Billboard. Entre-temps, le guitariste Lonnie Mack a proposé sa propre version instrumentale, qui s'est également glissée dans le Top 5 des meilleures ventes aux États-Unis. Ensuite, Chuck Berry n'a cessé d'interpréter cette chanson sur scène, y incorporant des emprunts à ces deux versions à succès. Les autres reprises de ce classique sont innombrables, et toutes les autres stars du rock'n'roll s'y sont frottées, d'Elvis à Jerry Lee Lewis sans oublier Bo Diddley, Paul Anka et plus près de nous les Rolling Stones ou Rod Stewart.

En France, le titre fut repris par Danyel Gérard, Eddy Mitchell et Vince Taylor.

THE ISLEY BROTHERS (1959)

Face A : « Shout ! (part 1) »
Face B : « Shout ! (part 2) »

L'une des chansons les plus célèbres des Isley Brothers et sans doute celle qui eut la plus grande longévité, « Shout ! » nous intéresse particulièrement parce qu'elle fut l'un des premiers morceaux à figurer sur les deux faces du même 45 tours, avec sa première partie sur la face A, et une suite (*part 2*) sur la face B. À la fin de la première face, endiablée de bout en bout, Ronald Isley annonce : *« Wait a minute »* (« Attendez une minute »), ce qui permet à l'auditeur de retourner le disque. La 2ᵉ partie débute par une accalmie ponctuée d'orgue et de dialogues avec un public fictif et relevé de *« Yeah, yeah »* enthousiastes, avant de repartir de plus belle. Effet garanti sur les pistes de danse, et gimmick qui sera réutilisé des centaines de fois par la suite. Si le titre ne fut pas à l'origine un succès phénoménal, plafonnant à la 47ᵉ place du Hot 100 américain, sa postérité fut exceptionnelle. La version enregistrée en 1962 par Joey Dee & The Starlighters se porta au 6ᵉ rang des classements du Billboard, poussant les Isley à ressortir leur original. Au Royaume-Uni, c'est la chanteuse écossaise Lulu qui s'empara énergiquement du titre pour le hisser au 7ᵉ rang des charts britanniques en 1964, puis à la 8ᵉ place lors d'une réédition vingt-deux ans plus tard.

Classique désormais indémodable, « Shout ! » a été incluse au répertoire sur scène de nombreux artistes, des Beatles à Green Day en passant par Bon Jovi. Comme de nombreux grands succès, le titre avait été quasiment improvisé par les frères Ronald, Rudolph et O'Kelly Isley, lors d'un concert à Washington, où Ronald avait ponctué le « Lonely Teardrops » de Jackie Wilson par ce *« You know you make me wanna shout »* qui ouvre la chanson. Pour les Isley, c'était juste un « truc » de scène qu'ils n'avaient jamais pensé à enregistrer vraiment. Il leur fallut attendre trois ans de plus pour retrouver le succès, cette fois avec « Twist and Shout » en 1962.

LONDON
45 RPM
9.5.015
MSCF 45/2383
TEQUILA
(Rio)
THE CHAMPS - Vocal
with Instrumental Accomp.
TOUS DROITS DU PRODUCTEUR PHONOGRAPHIQUE ET DU PROPRIÉTAIRE DE L'ŒUVRE ENREGISTRÉE RÉSERVÉS. DUPLICATION, EXÉCUTION PUBLIQUE, RADIODIFFUSION DE CE DISQUE INTERDITES.

THE CHAMPS (1959)

Face A : « Train to Nowhere »
Face B : « Tequila »

« Tequila » a le goût du Mexique, le son du Mexique et a… en effet été écrite par un Chicano, un Américain d'origine mexicaine, deux jours avant Noël 1957. « Écrite » est un bien grand mot car le morceau qui allait atteindre le numéro 1 des charts américains fin mars 1957 n'était en réalité qu'un « bœuf » entre Danny Flores et les membres de son trio en marge d'une séance d'enregistrement pour le chanteur et guitariste de rockabilly Dave Burgess. Cette jam sympathique fut donc glissée en face B du titre « Train to Nowhere », le morceau finalement retenu pour cette séance d'enregistrement du groupe ainsi formé et baptisé les Champs. Le disque, paru chez Challenge, n'eut aucun succès, jusqu'au jour où un DJ de Cleveland eut l'idée de retourner le 45 tours pour passer « Tequila ». Le succès fut alors plus qu'enivrant ! Danny Flores, qui exécute le tonitruant solo de saxophone – l'un des morceaux de bravoure du titre –, fut obligé de changer son nom en Chuck Rio pour figurer au sein des Champs, parce qu'il était sous contrat avec un autre label sous son propre nom.

Considéré depuis comme le « parrain » du latino rock, Danny Flores conserva les droits mondiaux de la chanson jusqu'à sa mort en 2006.
Repris par des dizaines d'artistes, notamment de jazz, comme Dizzy Gillespie, Wes Montgomery ou George Benson, « Tequila » figurait également au répertoire de Dr. Feelgood.
Ancrée dans son époque, « Tequila » anime la bande-son de multiples films inspirés des années 1950, et notamment la série *Happy Days*.
Ce succès, crédité d'un Grammy, poussa les Champs à poursuivre dans cette veine instrumentale et on leur doit une suite à « Tequila », « Too Much Tequila », ainsi que « Limbo Rock ». Dans un effectif changeant, on note la présence à la guitare des Champs de Glen Campbell au début des années 1960.

JACQUES BREL (1960)

Face A : « La valse à mille temps ou Les Flamandes »
Face B : « Ne me quitte pas »

C'est l'une des chansons sinon *la* chanson la plus connue de Jacques Brel. Et pourtant, lors de sa sortie en 1960, « Ne me quitte pas » se cachait en face B d'un 45 tours quatre titres dont le premier choix était « La valse à mille temps ». Peu importe, cet opus composé par Brel lors de sa rupture avec la comédienne et chanteuse Suzanne Gabriello devint l'un de ses classiques, et un morceau de bravoure de ses concerts, immortalisé par des images cent fois revues. Fasciné par le succès de « Take Five », le morceau en cinq temps du pianiste de jazz Dave Brubeck, Brel composa ainsi ce texte en pentasyllabes, qui martèlent les serments fous et dérisoires d'un amant au désespoir. Son auteur assurera d'ailleurs que « Ne me quitte pas », qu'il écrivit par petites bribes en tournée, n'est pas une chanson d'amour, mais bien un texte sur la lâcheté des hommes face à la rupture. Sa relation mouvementée avec Suzanne Gabriello s'acheva un peu plus tard, en 1961. Reste donc ce chef-d'œuvre, enregistré pour la première fois par Simone Langlois, qui le sortit en face A d'un EP paru en décembre 1959 chez Philips. C'est sans doute la raison pour laquelle Jacques Brel, qui destinait cette chanson à Simone, ne la plaça qu'au verso lorsqu'il l'enregistra à son tour quelques mois plus tard. Les reprises en sont innombrables, et dans toutes les langues. Parmi les plus connues figure celle de Nina Simone, assénée dans un français très personnel en 1965. En France, Barbara ou Juliette Gréco furent parmi ses interprètes les plus convaincantes.

Plusieurs versions anglaises existent, mais la plus répandue est la traduction de Rod McKuen, « If You Go Away », que popularisèrent les plus grands noms de la variété internationale : Frank Sinatra, Dusty Springfield, Tom Jones, Shirley Bassey, Barbra Streisand, Neil Diamond, Nana Mouskouri, Julio Iglesias ou Scott Walker, grand admirateur de Brel. À noter que la première version étrangère fut une traduction allemande, « Bitte Geh' Nicht Fort », confiée à Marlene Dietrich. La star l'interpréta à l'Olympia en 1964. La première partie était assurée par Jacques Brel.

PHILIPS
Succès
45 T/M
disques PHILIPS
Microsillon Haute Fidélité
INTERDITES
TOUS DROITS DU PRODUCTEUR PHONOGRAPHIQUE
Succès
PHILIPS
PHILIPS
45 T/M
BIEM
B 372.705 F
Chant
LES FLAMANDES
(J. Brel) 2'25
JACQUES BREL
JACQUES BREL
LA VALSE
A MILLE TEMPS
ISABELLE
372.699
LES RIFF "chantent"
PAPA AIME MAMAN
GOULI GOULI DOU
372.762
GEORGES BRASSENS
LES FUNÉRAILLES
D'ANTAN
LE BISTROT
372.745
DARIO MORENO
ALI
AMOUR, AMOUR
(POY... POY...)
372.754
Photos : GUILBAUD - X... - ERPÉ - AUBERT - J. P. VOGEL - WIEZNIAK
DILLARD et Cie, Imp. Paris — Imprimé en France
— JUIN 1960 —

BRENDA LEE (1960)

Face A : « That's All You Gotta Do »
Face B : « I'm Sorry »

Si Brenda Lee n'avait pas eu quinze ans à la sortie de « I'm Sorry », le titre ne serait certainement pas sorti en face B de « That's All You Gotta Do » au printemps 1960. Mais la maison de disques Decca avait longtemps hésité, envisageant même de ne pas publier du tout ce titre, estimant qu'on était bien jeune, à quinze ans, pour chanter l'amour ! Le public ne fut pas si bégueule, qui plébiscita ce classique de la chanson pop, le propulsant au 1er rang des ventes aux États-Unis cet été-là. Depuis, certains critiques estiment qu'il s'agit de la chanson pop parfaite, avec ses paroles simples – « je te quitte parce que tu as fauté » –, son refrain entêtant et son passage parlé, ainsi que ses violons qui gémissent en chœur.

Adoptée par de nombreuses vedettes de la country music comme un standard et un exemple parfait du son développé dans les années 1960 à Nashville, elle passe sans discontinuer sur les radios spécialisées, jusqu'à aujourd'hui.
« I'm Sorry » a ainsi été reprise par Bobby Vee, Pat Boone ou Billie Joe Royal, retrouvant le chemin des charts en 1972 dans une version de Joey Heatherton.
Roch Voisine en grava également une version en anglais dans son album *Americana*.
Une version française a été enregistrée en 1961 par Jean-Michel Audin, plus connu pour ses talents de comédien.

RICKY NELSON (1961)

Face A : « Travelin' Man »
Face B : « Hello Mary Lou »

Comme la plupart des chansons de cet ouvrage, « Hello Mary Lou », grand succès de Ricky Nelson en 1961, a largement éclipsé la face A du 45 tours sur lequel elle figurait, « Travelin' Man ». Mais ce titre signé Gene Pitney, qui allait devenir l'un des plus grands auteurs-compositeurs-interprètes américains des années 1960, est surtout remarquable pour son cosignataire, le père Cayet Mangiaracina. En 1953, ce dernier, frais émoulu d'un lycée de jésuites, rejoint le groupe de La Nouvelle-Orléans les Sparks, dans lequel il officie au piano. Pour cette formation, il compose un titre du nom de « Merry, Merry Lou ». Deux ans plus tard, il décide d'abandonner le rock'n'roll pour la religion et devient prêtre. Lorsque Gene Pitney fournit « Hello Mary Lou » à Ricky Nelson en 1961, le titre rencontre rapidement le succès étant donné la popularité de son interprète, star de la télévision et du cinéma – il a triomphé dans le film *Rio Bravo* deux ans plus tôt. La chanson se place dans le Top 10 des meilleures ventes américaines au printemps. Le succès est encore plus retentissant en Angleterre où, promu en face A, il se place au 2e rang des hit-parades. Le problème, c'est que la ballade de Gene Pitney ressemble à s'y méprendre au titre commis par le père Mangiaracina huit ans plus tôt. La justice décide de lui octroyer la moitié des droits. Jusqu'à sa mort, les royalties importants générés par le succès de Ricky Nelson seront versés à la mère de Cayet Mangiaracina et ils enrichissent depuis la congrégation des dominicains, dont faisait partie notre prêtre.

Indépendamment de cette anecdote, « Hello Mary Lou » demeure également dans les annales pour l'éblouissant solo du grand James Burton, qui a marqué des générations de guitaristes dont Brian May, du groupe Queen, qui le cite souvent en exemple. La chanson fit d'ailleurs partie du répertoire scénique du groupe de Freddie Mercury et apparaît dans leur album *Live in Wembley*. Creedence Clearwater Revival en enregistra également une reprise sur son album *Mardi Gras*.
Une version française fut enregistrée par Petula Clark : « Bye, bye mon amour ».

ROY ORBISON (1961)

Face A : « Running Scared »
Face B : « Love Hurts »

« Love Hurts » a mis quinze ans à rencontrer le succès et devenir un classique de la ballade tendance country des années 1960. Enregistré en juillet 1960 par les Everly Brothers, ce titre de leurs compositeurs attitrés, Felice et Boudleaux Bryant, n'eut pas l'honneur de figurer sur un 45 tours des deux frères, qui avaient pourtant percé grâce à trois autres de leurs titres, « Bye bye Love », « Wake Up Little Suzie » et « All I Have to Do Is Dream ». La chanson, l'une des plus poignantes jamais écrites sur le chagrin d'amour, n'apparaît que sur l'album *A Date with the Everlys*. En 1961, Roy Orbison s'en empare, mais « Love Hurts » ne figure qu'en face B du single du label Monument dont le côté pile est « Running Scared ». Le potentiel de la chanson apparaît déjà cependant puisqu'elle devient un tube en Australie, où elle se classe au 5e rang des meilleures ventes.

Mais il faut donc attendre quinze ans pour voir « Love Hurts » réapparaître et remporter les suffrages. C'est d'abord Jim Capaldi qui en propose en 1975 une version sur un tempo plus enlevé, qui se place au 4e rang des charts britanniques et demeure la meilleure vente en solo du batteur/chanteur du groupe Traffic.

L'année suivante, c'est le jackpot avec la version du groupe de hard rock Nazareth, qui transforme la complainte country en slow rock pesant et efficace. La reprise est un succès international, qui atteint la 8e place du Hot 100 du Billboard et se classe également dans le Top 15 des ventes en Angleterre. La version de Nazareth est aussi numéro 1 au Canada, en Norvège et en Afrique du Sud. Le groupe en enregistrera même une version orchestrale avec le Philharmonique de Munich. En 1975, l'actrice et chanteuse Cher interprétera elle aussi ce désormais classique...

À toutes ces versions – sans compter celles de Rod Stewart, Norah Jones & Keith Richards, Kim Carnes ou Sinead O'Connor – il est permis de préférer celle, extrêmement inspirée, de Gram Parsons et Emmylou Harris, où l'harmonie du duo atteint des sommets inégalés. Emmylou Harris interprète encore « Love Hurts » dans la plupart de ses concerts.

Au moins une version française existe, celle du chanteur québécois Éric Goulet, alias Monsieur Mono, enregistrée avec Mara Tremblay sur son album *Pleurer la mer morte*.

THE TOKENS (1961)

Face A : « Tina » Face B : « The Lion Sleeps Tonight »

À l'origine, c'est un authentique chant de chasse zoulou connu sous le nom de « Mbube », qui signifie « le lion ». En 1939, il est popularisé par le chanteur Solomon Linda, qui en enregistre une version avec son groupe, les Evening Birds. C'est un immense succès, qui donne son nom à un style de chant a cappella et pousse Miriam Makeba à proposer sa propre version en 1950. En 1948, le label sud-africain de Solomon Linda fait parvenir l'enregistrement à Decca, espérant une distribution aux États-Unis. C'est alors que le pape du folk américain, Pete Seeger, découvre le titre et décide d'en enregistrer en 1952 une reprise semi-instrumentale avec son groupe, les Weavers. Comme il ne comprend pas le zoulou, il en livre une version phonétique dont la seule parole est le titre, « Wimoweh », au lieu de « Uyimbube » (« c'est toi le lion » en zoulou). Neuf ans plus tard, le groupe vocal les Tokens, sans contrat malgré un semi-tube en 1960 (« Tonight I Fell in Love »), interprète la chanson lors d'une audition devant les producteurs Hugo et Luigi. Convaincus, ceux-ci décident qu'il n'est pas besoin de chercher plus loin : les Tokens reprendront « Wimoweh », mais avec un texte en anglais, écrit par le parolier George Weiss. C'est « The Lion Sleeps Tonight » que le quintet, embarrassé par cette histoire de lion et de jungle, insiste pour voir relégué en face B derrière « Tina », une chanson portugaise gravée lors de la même séance. Bien entendu, les programmateurs radio ne sont pas du même avis, et le vieux chant sud-africain se retrouva en tête des ventes pendant les fêtes de fin d'année 1961. Les reprises sont innombrables, et les versions de Robert John (1971) ou de Tight Fit (1982) tutoient à nouveau les sommets des hit-parades. En France, c'est Henri Salvador qui en fait un succès.

Il y a pourtant un grand oublié dans cette histoire, Solomon Linda, décédé en 1962, l'année même où les Tokens croulaient sous les Disques d'or. En 1999, ses trois filles firent valoir leurs droits devant les tribunaux et obtinrent gain de cause pour recevoir 25 % des droits de ce titre impérissable, qui figurait par exemple dans la bande-son du *Roi Lion*, le film de Walt Disney.

CHARLES AZNAVOUR (1962)

Face A : « Sylvie »
Face B : « La Mamma »

« La Mamma » est l'un des grands classiques de Charles Aznavour et pourtant cette chanson, qui devait être le titre de l'album publié un an plus tard, a fait sa première apparition discographique fin 1962 sur un 45 tours quatre titres dont la face A comportait « Sylvie » et « Les Aventuriers ». Puis le titre obtint le succès que l'on sait et fut réédité à plusieurs reprises en tête d'affiche.

Robert Gall, son parolier, a écrit un texte d'autant plus juste qu'il venait de vivre le deuil de sa propre mère et qu'il avait transposé ces moments d'intimité douloureuse dans le contexte d'une famille italienne. Aussi, si « La Mamma » fut une chanson importante dans la carrière du grand Charles, elle le fut encore plus dans la vie de la famille Gall et notamment de la petite-fille de la véritable « Mamma », France Gall, la fille de l'auteur. La chanteuse aime à raconter comment son enfance fut rythmée par les chansons que son père composait avec Aznavour et comment, l'année de ses quinze ans, il écrivit ce texte qui était aussi un exutoire à la douleur.

« En 1997, à mon dernier concert, j'ai demandé à Charles Aznavour de venir chanter "La Mamma" avec moi. Et il est venu. J'étais incroyablement émue. En la chantant aux côtés de Charles, j'avais l'impression de tenir ma grand-mère et mon père serrés contre moi », raconta l'ancienne lauréate du concours de l'Eurovision à *Paris Match*.

Grand moment des concerts d'Aznavour, « La Mamma » sera l'un des immenses succès de l'année 1964 et le premier titre du chanteur à dépasser le million d'exemplaires vendus. Interprété également par Les Compagnons de la Chanson et bien plus tard par Dalida, ce classique sera un tube international, en Italie, aux Pays-Bas, mais aussi aux États-Unis. Adapté par Don Black sous le titre « For Mama », il sera interprété par Matt Monro, Connie Francis, Jerry Vale et plus tard Ray Charles.

TONY BENNETT (1962)

Face A : « Once Upon a Time »
Face B : « I Left My Heart in San Francisco »

Les villes sont des inspirations inépuisables pour les auteurs de chanson et si San Francisco a été chantée par ailleurs (Scott McKenzie ou Maxime Le Forestier), pour ses habitants, la chanson symbole de leur ville est « I Left My Heart in San Francisco ». Écrite fin 1953 par George Cory et Douglas Cross, elle dépeint le mal du pays ressenti par un écrivain contraint de quitter la ville la plus populaire des États-Unis (*« everybody's favourite city »*) pour New York. D'abord proposée à la chanteuse d'opéra Claramae Turner, elle fut finalement adoptée par Tony Bennett fin 1961. Elle deviendra l'un des plus grands succès et la chanson fétiche du crooner italo-américain, pourtant bel et bien né dans le Queens : « Mais cette chanson a fait de moi un citoyen du monde », dira-t-il.

Même s'il plafonna à la 19e place du Hot 100 du Billboard en 1962, le titre resta classé presque pendant un an et valut à son interprète un Grammy Award et de nombreuses autres distinctions.

Tony Bennett, qui l'interpréta pour la première fois dans le Salon vénitien de l'hôtel Fairmont de San Francisco en décembre 1961, mit un point d'honneur à revenir chanter son standard chaque année au même endroit jusqu'au milieu des années 1980. Il l'entonna également à de nombreuses reprises en lever de rideau d'événements sportifs et notamment des grands matchs du club de football américain des San Francisco 49ers.

« I Left My Heart in San Francisco » fut reprise par toute la confrérie des chanteurs de charme, de Frank Sinatra à Dean Martin en passant par Julie London ou Peggy Lee.

En France, on note une adaptation de Jacques Plante confiée à Roland Gerbeau, qui fut le premier interprète de « La mer » de Charles Trenet, avant de devenir attaché de presse chez Pathé-Marconi.

BOOKER T. & THE MG'S (1962)

Face A : « Behave Yourself » Face B : « Green Onions »

Comme beaucoup d'instrumentaux à succès, « Green Onions » vit le jour un peu par hasard, au détour d'une jam-session entre musiciens. Le jeune organiste Booker T. Jones, alors âgé de dix-sept ans, et ses MG's, le guitariste Steve Cropper, le bassiste Lewie Steinberg et le batteur Al Jackson, tuaient le temps dans les studios du label Stax à Memphis en attendant l'arrivée du chanteur Billy Lee Riley. Leur « bœuf » fut tellement du goût du propriétaire du studio, Jim Stewart, qu'il fut décidé de l'enregistrer sous le titre « Behave Yourself ». Jim Stewart fit alors remarquer qu'il fallait une face B pour sortir ce titre en 45 tours, et Booker T. attaqua ce thème à l'orgue Hammond qui charpente « Green Onions ». Steve Cropper y ajouta des interventions à la guitare, et le tour était joué. Notre quatuor n'était pas plus impressionné que cela par le résultat et l'organiste décida d'appeler le morceau « Oignons verts », « parce que c'est ce qu'il y a de pire au monde et que ça se jette ». Pourtant lorsque, quelques jours plus tard, Steve Cropper apporta l'enregistrement à un ami DJ sur une station de radio locale, ce n'est pas « Behave Yourself » mais bien ce morceau de raccroc qui emporta l'adhésion et donna aux auditeurs une envie irrésistible de danser. Stax s'empressa d'effectuer un nouveau pressage inversant les deux faces et le titre partit à l'assaut des charts, se classant numéro 3 des ventes aux États-Unis fin septembre 1962 et numéro 1 dans la catégorie soul. Adoptée en Angleterre par les Mods, mouvement de jeunes branchés de la fin des années 1960, « Green Onions » y redevint un succès majeur en 1979 à la sortie de *Quadrophenia*, film inspiré du disque des Who et consacré à ce mouvement. Dix-sept ans après sa sortie, la jam de l'été 1962 se retrouva dans le Top 10 des ventes en Angleterre, un succès attisé par la sortie d'un autre film, *Les Blues Brothers*, dont les musiciens étaient pour partie d'anciens membres des MG's dont Steve Cropper.

« Green Onions » est devenue l'un des instrumentaux les plus connus du xxe siècle, utilisé comme générique ou fond sonore par d'innombrables émissions et autant de films.

Quant à Booker T. & The MG's, lancés par ce titre, ils deviendront les accompagnateurs attitrés de tous les plus grands noms de la musique soul : Otis Redding, Sam & Dave, Wilson Pickett, Rufus Thomas, Eddie Floyd ou Albert King.

STAX
Pub.--East BMI
STX-6295
S-127
Time: 2:45
GREEN ONIONS
(Jones, Cropper, Steinberg, Jackson)
BOOKER T. AND THE MG'S
DISTRIBUTED BY ATLANTIC RECORD SALES, 1841 BROADWAY NEW YORK, N. Y.

SACHA DISTEL (1962)

Face A : « Il tient le monde » **Face B : « La belle vie »**

La plupart des chansons de cet ouvrage ont connu des destins tortueux et bien plus grandioses que leurs auteurs ne l'avaient imaginé, mais « La belle vie », la chanson de Sacha Distel la plus connue dans le monde, détient sans doute la palme des rebondissements. C'est au départ à peine une chanson, juste un thème musical composé par le beau Sacha, alors guitariste de jazz respecté et neveu de Ray Ventura, pour un film à sketches de Roger Vadim, *Les Sept Péchés capitaux*. La mélodie enregistrée par Distel avec le bassiste Pierre Michelot et le batteur Kenny Clarke en serait restée là, si Duke Niles, l'agent de Ray Ventura aux États-Unis, n'était tombé dessus et, sentant tout son potentiel, ne l'avait présentée à Tony Bennett.

Le chanteur, emballé, décida de l'adapter en confiant les paroles à Jack Reardon, qui l'intitula « The Good Life ». Le morceau devint un immense succès à l'insu de son compositeur, qui découvrit par hasard cette adaptation à la radio. Duke Niles n'avait pas eu le temps de le prévenir. Alors que Frank Sinatra est lui aussi conquis par ce qui est instantanément un standard, Sacha Distel se décide à en faire sa propre version chantée, sur des paroles de Jean Broussolle reprenant le titre de Tony Bennett. C'est « La belle vie », que l'ancien guitariste, devenu chanteur de charme, enregistre mais relègue en face B d'un 45 tours dont le morceau phare est « Il tient le monde ». Il glisse aussi la chanson sur son 30 cm *Et nous aussi mon frère*. La chanson ne s'impose pas tout de suite sur ses terres natales et finit par devenir un classique du répertoire de son créateur lorsque plus de 250 reprises en sont effectuées. Sacha Distel, lui, vit en quelque sorte la belle vie à cette époque, où il anime son propre show télévisé et devient l'un des chanteurs favoris des Français.

Parmi les dizaines d'artistes à avoir adopté « La belle vie », on note Sammy Davis Jr, Sarah Vaughan, Dionne Warwick, Ray Charles ou Julie London. Mais la chanson appartient presque autant à Tony Bennett qu'à Sacha Distel et le crooner italo-américain a même intitulé son autobiographie *The Good Life*.

SMOKEY ROBINSON & THE MIRACLES (1962)

Face A : « Happy Landing » **Face B : « You've Really Got a Hold on Me »**

Les faiseurs de tube de la Tamla Motown se trompaient rarement sur le choix d'un titre et les cas de faces B éclipsant leur recto sont rares dans la production pléthorique du label de Detroit. Le premier cas répertorié est certainement « You've Really Got a Hold on Me », l'un des grands succès des Miracles, auquel avait été préféré, dans un premier pressage, le quelconque « (Have a) Happy Landing ». Comme toujours, ce sont les programmateurs de radio qui firent la différence et qui, peu emballés par la face A, donnèrent sa chance au titre de rechange. Et quelle chance ! La chanson, largement inspirée du « Bring It on Home to Me » de Sam Cooke, de l'aveu même de Smokey Robinson, sera le deuxième tube de son groupe, après « Shop Around », et grimpera jusqu'à la 8e place des classements pop du Billboard après s'être écoulée à plus d'un million d'exemplaires. Elle annonce déjà le potentiel beaucoup plus large des Miracles et du talent de composition de leur leader, qui deviendra l'un des plus grands auteurs de la musique noire. Son premier vers, *« I don't like you, but I love you »*, est devenu un classique. N'étant pas prévue comme face A, « You've Really Got a Hold on Me » conserve des imperfections qui en font tout le charme. Emmené par un staccato de piano et une ligne de guitare originale de Marv Tarplin, le titre séduit instantanément les Beatles, qui l'enregistrent pour leur deuxième album, *With the Beatles*, avec John Lennon au chant.

La plupart des autres reprises sont à mettre à l'actif d'autres artistes de la Motown, comme les Supremes, les Temptations et les Jackson Five, dont la version ne sortira pas. Les Zombies inclurent également dans leur premier album cette ballade, que Phil Collins incorpora dans son album de reprises *Goin Back* en 2010.

FRANCOISE HARDY
J'SUIS D'ACCORD
OH OH CHERI
TOUS LES GARÇONS ET LES FILLES
IL EST PARTI UN JOUR
disques vogue
EPL 7967

FRANÇOISE HARDY (1962)

Face A : « Oh oh chéri »
Face B : « Tous les garçons et les filles »

« Une voix fraîche, juste, moderne, composant elle-même ses chansons, Françoise Hardy vous plaira ! En entendant Françoise Hardy, on entend la jeunesse et ses problèmes amoureux », assure le texte promotionnel au verso du premier EP de la chanteuse. Et ces problèmes amoureux apparaissent avec plus de force encore dans « Tous les garçons et les filles », qui devient le grand tube de 1962, au grand étonnement de son auteur et du personnel de sa maison de disques, Vogue. Ses directeurs artistiques ont d'ailleurs choisi de mettre en valeur « Oh oh chéri », le seul titre qu'elle n'a pas composé, mais le public fera un choix différent. C'est Europe 1 qui, en entendant l'enregistrement, décide que cette ballade naïve et dans l'air du temps doit être retenue. Françoise, qui n'a que dix-sept ans et venait de faire le siège de toutes les maisons de disques avec cette guitare dont elle sait à peine jouer, se retrouve être le symbole de sa génération, qui se reconnaît dans sa voix fragile et sa beauté enfantine. Un scopitone réalisé par Claude Lelouch est diffusé en intermède musical sur l'unique chaîne de télévision pendant la retransmission des résultats du référendum pour l'élection du Président au suffrage universel. C'est alors un raz-de-marée et un million de disques vendus pour la jeune femme. Bientôt, pour elle, ce sera « Le temps de l'amour » avec Jacques Dutronc, arrangeur chez Vogue, comme ce Guy Samyn qui cosigne les titres de Françoise sur son premier album parce que ses connaissances musicales ne lui ont pas permis de passer le concours d'admission à la Sacem. Françoise Hardy composera par la suite des dizaines de chansons bien meilleures que celle-là, mais ce coup d'essai la suivra toute sa carrière, par sa fraîcheur et son ancrage dans une époque bénie et révolue.

BENNY SPELLMAN (1962)

Face A : « Lipstick Traces (on a Cigarette) »
Face B : « Fortune Teller »

Allen Toussaint peut être considéré comme le pape du rhythm and blues de La Nouvelle-Orléans, ayant composé quelques-uns de ses plus grands titres et accompagné ou produit ses meilleurs artistes. Benny Spellman n'était certainement pas le plus talentueux de ceux-là, mais ce natif de Floride, émigré en Louisiane pour faire partie de l'équipe de football de l'université de Baton Rouge, fut un très honnête exécutant avant de devenir choriste sur d'innombrables galettes produites dans les années 1960. Son moment de gloire eut lieu en 1962 avec la sortie de « Lipstick Traces (on a Cigarette) », une composition d'Allen Toussaint qui se hissa à la 28e place des charts R'n'B et au 80e rang du Hot 100 du Billboard. Toussaint, qui signait sous le pseudonyme de Naomi Neville – aucun lien de parenté avec les Neville Brothers avec qui il travaillera également –, fournit également en face B l'excellent « Fortune Teller », dont le destin sera plus favorable encore que celui de la face A.

Cette histoire de garçon qui apprend d'une diseuse de bonne aventure qu'il va tomber amoureux et qui finit par épouser la voyante est devenue une reprise très prisée et peut se targuer d'avoir figuré au répertoire des Rolling Stones, des Who, mais aussi des Hollies, des Merseybeats et plus récemment de Robert Plant et Alison Krauss, qui en produisirent une très belle version sur leur album *Raising Sand*.

L'histoire ne dit pas si Benny Spellman consulta une voyante, mais il mit fin à sa carrière en 1965 pour travailler dans l'industrie de la bière.

RICHARD CHAMBERLAIN (1963)

Face A : « Blue Guitar »
Face B : « (They Long to Be) Close to You »

Mesdames, vous pensiez que Richard Chamberlain n'était que l'acteur au regard de velours des *Oiseaux se cachent pour mourir* ? Eh bien, vous vous trompiez. Star aux États-Unis dès les années 1960 pour son rôle dans la série *Dr. Kildare*, il fut aussi un crooner à la voix suave, interprétant des standards avec un succès modéré. C'est ainsi qu'en 1963, il enregistre pour la bande originale du film *Le Motel du crime* une composition de Burt Bacharach et Hal David, « (They Long to Be) Close to You ». C'est un flop, même si la face A, « Blue Guitar », obtient une certaine audience. L'année suivante, Dionne Warwick, la muse de Bacharach/David, grave une version du titre, qui figure en face B de son single *Here I Am*. Le maestro Bacharach en personne en livre une mouture instrumentale en 1968.

Désolé de ne pas arriver à en faire un tube, comme la plupart de ses autres créations, Bacharach confie alors « Close to You » au chef d'orchestre Herb Alpert qui vient d'obtenir un numéro 1 avec un autre de ses standards, « This Guy's in Love with You ». Guère convaincu, Alpert préfère arranger le titre pour un duo qu'il vient de signer chez A&M, les Carpenters. Ce coup d'essai est un coup de génie pour Richard et Karen Carpenter, puisque cette version prend d'assaut les classements du Billboard pour atteindre la 1re place à l'été 1970. Le frère et la sœur obtiendront un Grammy Award pour « Close to You » l'année suivante : leur carrière est lancée.

Les artistes les plus divers reprendront par la suite ce classique, de Dusty Springfield aux Smashing Pumpkins en passant par Diana Ross, Frank Sinatra, Isaac Hayes ou Paul Weller.

N'oublions pas qu'il s'agit également de la chanson préférée de Homer et Marge Simpson !

En France ou en français, Claudine Longet, Sacha Distel, Sheila ou Lara Fabian ont également interprété ce titre.

MEDIUM 432.874

L'APPAREIL A SOUS * LA MADRAGU

EL CUCHIPE * LES AMIS DE LA MUSIQU

PHILIPS

BRIGITTE BARDOT (1963)

Face A : «L'appareil à sous»
Face B : «La Madrague»

«La Madrague», comme chacun sait, est le nom de la propriété de Brigitte Bardot à Saint-Tropez. C'est aussi le titre de l'une de ses chansons les plus célèbres, consacrée à ce havre de paix dont elle a fait son chez-elle jusqu'à aujourd'hui. Dans les deux cas, le hasard joue son rôle. «La Madrague», BB l'a achetée en 1958 alors qu'elle cherchait une maison les pieds dans l'eau à proximité de Saint-Tropez, où elle avait triomphé dans *Et Dieu créa la femme*. Mais ce sont ses parents qui dénichèrent la maison alors que la comédienne était en tournage en Espagne. Elle dut effectuer un aller-retour express pour ne pas rater l'occasion. Le titre aussi est né inopinément. Brigitte Bardot cherchait déjà à se lancer dans la chanson et avait commencé à y travailler avec un ami d'enfance, Jean-Max Rivière. Celui-ci avait des textes, mais pas de musique. Et voilà que dans une soirée de cette année 1962, il rencontre Gérard Bourgeois, brillant sujet qui préfère la musique à la carrière d'ingénieur qui lui tend les bras. Les deux jeunes gens se retrouvent dès le lendemain au studio Wacker, place de Clichy, et composent deux titres : «C'est rigolo» et «La Madrague». Ainsi débute l'un des duos les plus prolifiques de la chanson française, qui travaillera pour Sylvie Vartan, Françoise Hardy, Richard Anthony et Juliette Gréco. Le coup d'essai du tandem est un coup de maître et «La Madrague», avec son arpège entêtant, reste l'une des plus belles chansons sur la fuite de l'été. Les deux compères composent une bonne partie du premier album de l'actrice, qui est accompagnée par l'orchestre de Claude Bolling. Ce n'est pas, au premier chef, «La Madrague» qui est retenue comme le titre phare du 45 tours quatre titres publié par Philips en 1963, mais «L'appareil à sous», une composition d'un auteur beaucoup plus chevronné, Serge Gainsbourg. C'est pourtant «La Madrague» qu'elle interprète lors d'une émission de télévision du Nouvel An qui lui est consacrée, *Bonne Année Brigitte*. Avec le temps, le titre est devenu un standard de la chanson française, repris par le groupe réunionnais Zong en 2006 puis par Camélia Jordana en 2009. L'année suivante, Loana, la première gagnante de l'émission de télé-réalité *Loft Story*, s'attaquait à sa propre version, affirmant que BB l'avait autorisée à tourner un clip à «La Madrague», une version fermement démentie par la maîtresse des lieux.

GERRY & THE PACEMAKERS (1963)

Face A : « How Do You Do It ? »
Face B : « You'll Never Walk Alone »

« You'll Never Walk Alone » est déjà un standard de la musique populaire lorsque Gerry & The Pacemakers se l'approprient en 1963. Ce titre un peu ampoulé de Richard Rogers et Oscar Hammerstein, lancé par la comédie musicale *Carousel*, a toujours ressemblé à un hymne, un peu martial, et a vite été adopté par les universités américaines pour fêter les fins de promotion et marquer l'appartenance au groupe. Mais ce classique, déjà passé entre les mains de Frank Sinatra, Ella Fitzgerald, Sarah Vaughan, Judy Garland ou Ray Charles, va prendre avec le deuxième groupe le plus célèbre de Liverpool une dimension inattendue. Enregistré en juillet 1963 aux studios d'Abbey Road, il devient numéro 1 en octobre 1963 et reste au sommet des charts pendant quatre semaines. En revanche, aux États-Unis, le titre est tellement connu que c'est un flop, et que le label Laurie Records ressort le 45 tours en inversant les titres, plaçant « How Do You Do It ? » en face A. Le disque intègre enfin le Top 10 des ventes.

C'est alors que les supporters du célèbre club de football des Reds de Liverpool, dont Gerry Marsden, le chanteur des Pacemakers, fait partie, s'emparent de la chanson pour en faire le chant de guerre des tribunes du stade d'Anfield. C'est encore aujourd'hui l'hymne du club, entamé tous les jours de match dans le grand port anglais. D'après la légende, Gerry Marsden aurait fait écouter l'enregistrement, pas encore sorti, au manager du club, Bill Shankly, et des journalistes présents en auraient déduit que c'était la nouvelle chanson du club. La fausse nouvelle devint réalité !

Le titre a depuis été adopté par des dizaines d'autres clubs de football, comme le Celtic de Glasgow, les Hollandais de Feyenoord ou les Allemands du Borussia Dortmund. La chanson est cependant tellement liée à l'histoire de Liverpool que son titre trône au-dessus de la porte Shankly, l'une des entrées du stade d'Anfield. Gerry Marsden et une pléiade de chanteurs, dont Paul McCartney, en enregistrèrent une version en 1985 pour venir en aide aux victimes de l'incendie du stade de Bradford, qui avait fait cinquante-six morts.

« You'll Never Walk Alone » est aussi aux États-Unis la chanson du Téléthon, et ce depuis 1964.

THE RAINDROPS (1963)

Face A : « That Boy John » Face B : « Hanky Panky »

Ou comment une chanson considérée comme très mauvaise par ses auteurs et ses interprètes va tout de même se retrouver en tête des charts américains trois ans après sa sortie et son enregistrement.

À l'origine, « Hanky Panky » est une chanson de remplissage, une face B composée en moins de vingt minutes par le prolifique tandem de *songwriters* Jeff Barry et Ellie Greenwich. Cette pochade d'une simplicité confondante intègre le verso d'un single des Raindrops paru en 1963, *That Boy John*.

L'histoire aurait dû s'arrêter là. Jeff Barry confiera d'ailleurs au *Billboard* : « Pour moi, c'était une chanson vraiment nulle. Elle n'avait pas été écrite pour être un succès, juste une face B. »

Mais non. Sa simplicité même fait de « Hanky Panky » une reprise facile pour les groupes amateurs et un morceau rigolo à danser pour le public. Tommy James, rocker en herbe et chanteur des Shondells, entend un de ces *garage bands* reprendre la chanson sur scène et, devant la réaction du public, décide de l'enregistrer. C'est chose faite, en un tournemain, dans une radio locale du Michigan. Sorti sur un label local, le single marchouille, mais les Shondells arrêtent et Tommy James termine ses études.

Deux ans plus tard, le voilà contacté par un animateur de radio de Pittsburgh, qui lui explique qu'il passe le titre régulièrement et que ça marche du tonnerre ! Tommy James décide alors de se rendre sur place pour y ressortir son disque. Il recrute quelques musiciens locaux afin d'en assurer la promo. Le voilà à la télé, dans les magazines.

« Du jour au lendemain, je passais de concerts devant vingt poivrots à dix mille personnes réunies dans une grande salle de Pittsburgh ! » expliqua-t-il.

Les coups de fil se succèdent alors, les plus grands labels souhaitant racheter les droits. Tommy James signe avec Roulette et le miracle se poursuit : l'impact du titre se confirme au niveau national et « Hanky Panky » se retrouve numéro 1 des ventes en juillet 1966, trois ans plus tard...

Et pourtant, Tommy James, alors âgé de dix-neuf ans, sera le premier à admettre qu'il y avait beaucoup à redire. Ne se souvenant pas des paroles, il a improvisé. Le solo de guitare approximatif n'est sauvé que par les vivats du reste du groupe et le tout est enregistré avec les moyens du bord. Mais c'est justement cette fraîcheur et cet amateurisme qui font le charme de cet enregistrement et lancent la carrière de celui qui sera une star de la pop américaine des années 1960.

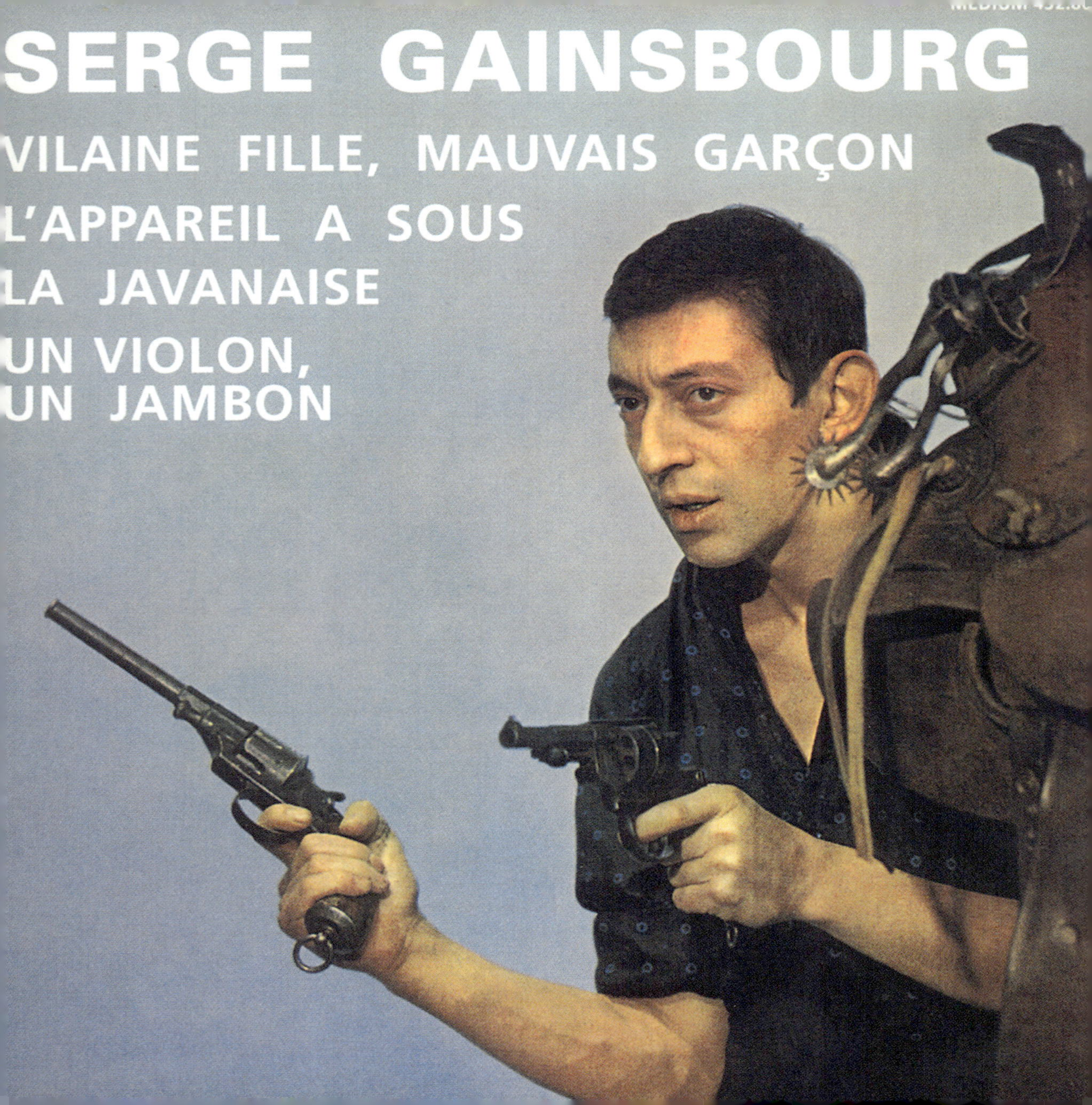
SERGE GAINSBOURG
VILAINE FILLE, MAUVAIS GARÇON
L'APPAREIL A SOUS
LA JAVANAISE
UN VIOLON,
UN JAMBON

SERGE GAINSBOURG (1963)

Face A : « Vilaine fille, mauvais garçon »
Face B : « La Javanaise »

Avec « Le poinçonneur des Lilas », « La Javanaise » est incontestablement la chanson la plus célèbre du Gainsbourg première époque. Une ballade rappelant les grands standards américains, devenue aujourd'hui un classique. Et pourtant, cette chanson composée pour Juliette Gréco ne fut qu'une modeste face B, aussi bien pour son auteur que pour son interprète. Elle se chargea toute seule, grâce aux tours de chant de Gréco comme aux passages radio et à la patine du temps, de devenir un des joyaux de la chanson française. Serge Gainsbourg l'écrivit dans la nuit, après avoir passé une soirée à écouter des disques et à boire du champagne chez Gréco, rue de Verneuil, tout près de ce qui allait devenir son propre appartement. La vogue, à l'époque, était de parler le « javanais », sabir de potaches dont Gainsbourg donne un aperçu en lançant la chanson par l'inoubliable « j'avoue j'en ai bavé pas vous ».

« Cette "Javanaise", qui fut si incomprise parce que j'y parle javanais, je l'ai écrite pour Juliette Gréco et je lui ai donnée aussitôt son retour des Amériques *(sic)*. Je pense être un auteur privilégié puisqu'elle m'a chanté et je pense qu'il n'y a pas un auteur digne de ce nom ou au moins ayant un tant soit peu de tenue littéraire qui n'ait souhaité écrire pour elle », expliqua Gainsbourg en 1966 à la télévision.

La version de Gainsbourg parut en mars 1963 sur un EP quatre titres dont la face A comprenait « Vilaine fille, mauvais garçon » et « L'appareil à sous », chanson qu'il donna par la suite à Brigitte Bardot (voir « La Madrague »).

Juliette Gréco sortit le titre deux mois plus tard, également chez Philips, sur son album *8e série*, qui inclut « Les canotiers » et « La fête aux copains ».

BILLY J. KRAMER & THE DAKOTAS (1963)

Face A : « Bad to Me »
Face B : « I Call Your Name »

Tout allait bien pour Billy J. Kramer et ses Dakotas en 1963. John Lennon venait de leur offrir deux chansons pour leur deuxième 45 tours, qui s'était placé en tête des ventes au Royaume-Uni grâce à la chanson titre, « Bad to Me ». Ce succès aurait dû faire également le bonheur de son auteur, mais John Lennon resta insatisfait de l'enregistrement de « I Call Your Name » par les Dakotas, dont il contestait l'arrangement, ainsi que du rejet du titre en face B. S'il avait également écrit « Bad to Me », le Beatle avait une tendresse toute particulière pour cette deuxième chanson, et pour cause. Il s'agit tout simplement de la première qu'il eût jamais écrite, ayant commencé à y travailler dès 1957, à l'âge de quinze ans. C'est ainsi qu'il décida que les Beatles devaient eux aussi graver leur propre version de ce coup d'essai, ce qui fut fait en mars 1964. La chanson fut incluse dans le pressage américain du deuxième album des Beatles et au Royaume-Uni sur le 45 tours quatre titres *Long Tall Sally*. Les musiciens, et notamment les guitaristes, noteront avec intérêt que George Harrison utilise pour la première fois au cours de cet enregistrement une Rickenbacker douze cordes dont le son cristallin va devenir l'un des plus distinctifs de la pop des années 1960.

« I Call Your Name » fut reprise par les Mamas et les Papas en 1968 et l'on entend l'une des deux chanteuses du groupe, Mama Cass Elliot ou Michelle Philips, murmurer « John... » au milieu du morceau.
Ringo Starr entonna également ce titre pour une émission de télévision marquant les dix ans de la mort de John Lennon et le cinquantième anniversaire de sa naissance.

THE RONETTES (1963)

Face A : « Be My Baby »   Face B : « Tedesco and Pitman »

Phil Spector, le plus grand producteur de l'histoire de la musique populaire, avait trouvé une méthode astucieuse pour dissuader les DJ's de retourner un 45 tours pour passer la face B au lieu du titre dont il avait programmé le succès. Il se contentait d'enregistrer à la va-vite des jam-sessions entre les musiciens présents dans le studio pour les placer au verso de ses productions. C'est ainsi que « Be My Baby », l'immense tube des Ronettes en 1963, affichait sur son pendant un morceau instrumental intitulé « Tedesco and Pitman ». Il s'agissait tout simplement du nom des deux guitaristes présents en cabine, Tommy Tedesco et Bill Pitman, membres du fameux Wrecking Crew, le groupe de musiciens de studio de Los Angeles qui enregistra d'innombrables succès populaires dans les années 1960, et notamment pour Phil Spector. Paradoxe, ces titres étaient crédités au groupe vocal de la face A, les Ronettes ou les Crystals, pour d'autres grandes productions Spector, alors qu'elles n'intervenaient absolument pas pendant la session.

Pour bien marquer le mépris qu'il avait pour les faces B, Phil Spector donnait à ces improvisations le nom qui lui passait par la tête. C'est ainsi que la face B de « Da Doo Ron Ron » des Crystals s'intitula « Git It ». Pour la face B du single *Christmas*, de Darlene Love (1963), le producteur recourut au même procédé. Le morceau fut baptisé « Harry and Milt Meet Hal B », référence à Harry Betts, Milton Bernhart et Hal Blaine, trois autres membres de la Wrecking Crew. D'autres titres sont plus cocasses : « Brother Julius », verso de « Then He Kissed Me » des Crystals, était le nom du cireur de chaussures du parking le plus proche. Face B de « (The Best Part of) Breakin' Up » des Ronettes, « Big Red » était le surnom du garde du corps de Phil Spector.

Cependant, étant donné la qualité des musiciens, ces faces B furent rapidement recherchées par les collectionneurs et finalement réunies sur un album par le maestro lui-même.

disques SALVADOR

MEDIUM B 373.222

PRODUCTION SALVADOR
DISTRIBUTION PHILIPS

LE MARTIEN • SYRACUSE

(The Martian hop)

henri salvado

HENRI SALVADOR (1963)

Face A : « Le martien » **Face B : « Syracuse »**

L'honnêteté oblige à dire que « Syracuse », sans doute la plus belle chanson d'Henri Salvador, mais aussi du parolier Bernard Dimey, sortit dans sa première version en face A, celle d'un 45 tours quatre titres de Jean Sablon. Et le grand crooner de l'après-guerre, apprécié dans le monde entier et jusqu'outre-Atlantique, la popularisera à travers le monde. Mais nous nous trouvons, avec la version d'Henri Salvador, la plus réussie, sans doute – auteur oblige –, et celle d'Yves Montand, devant deux des usages communs de la face B dans les années 1960. Si son compositeur finit par l'enregistrer un an après qu'elle fut passée par la voix ouatée de Jean Sablon, ce fut pour proposer et graver sa propre interprétation de ce qu'il faut bien appeler un chef-d'œuvre. Les compères Salvador et Dimey ne s'en étaient peut-être pas aperçus tout de suite, le titre ayant été conçu une nuit de beuverie comme Dimey, l'un des princes de Montmartre, en traversa tant. Si bien que plutôt que de l'interpréter lui-même, Salvador, qui avait déjà amorcé son virage rigolo, préféra la donner à Jean Sablon et à sa voix de velours. Toujours facétieux, le crooner guyanais affirmait que Sablon s'était rendu à Syracuse et détesta l'endroit, dissuadant Salvador de s'y rendre, ce qu'il ne fit jamais. Mélodie langoureuse sur écrin jazz, paroles d'une poésie merveilleuse et presque enfantine… « Syracuse » est sans doute la plus belle incitation au voyage de la chanson française et Yves Montand se mordit les doigts de l'avoir tout d'abord refusée. Il finit donc par l'inclure dans son tour de chant et par l'enregistrer, également en 1963, mais en face B, bien entendu, du EP dont le titre phare était « Des je t'aime ». La face A du 45 tours d'Henri Salvador où figure la chanson s'intitulait « Le Martien », adaptation du « Martian Hop », succès des Ran-Dells sorti la même année. « Syracuse » squatta les faces B en cette année 1963 puisqu'on la retrouve également dans un 45 tours de la chanteuse d'origine vietnamienne Tiny Yong, accompagnée comme Salvador par Christian Chevallier et son orchestre.

COLETTE RENARD (1963)

Face A : « La foraine »
Face B : « Les nuits d'une demoiselle »

Si « Les nuits d'une demoiselle », l'une des plus grandes réussites de la longue et brillante carrière de Colette Renard, fut reléguée en face B d'un 45 tours quatre titres qui s'ouvrait sur « La foraine », c'est sans doute que son contenu ne pouvait s'exprimer trop ouvertement devant des oreilles chastes. Poème de Guy Breton, avec la complicité de l'interprète, sur les différentes expressions utilisées pour décrire les relations sexuelles, cette chanson particulièrement astucieuse et bien écrite est l'une des plus grandes réussites du répertoire grivois français. C'est que Colette Renard, révélée par son rôle dans *Irma la Douce*, qu'elle interpréta à partir de 1958, se spécialisa dans les années 1960, avec la complicité de son pianiste et époux Raymond Legrand, dans les chansons gaillardes, paillardes et gentiment licencieuses, pour le plus grand plaisir d'un public qui ne la lâcha jamais. Sur disque en revanche, ou lors de son passage dans les émissions de télévision ou de radio, Colette Renard dut édulcorer les passages les plus crus de ce répertoire et notamment cette « Demoiselle » assez délurée. Les versions sorties sur le 45 tours EPL 8141 et sur le 33 tours Récital 65 LD 658 30 sont ainsi des versions censurées et les crédits de l'album indiquent clairement qu'il s'agit d'une « version épurée ».

« C'est venu sur un pari. On m'a demandé si j'étais capable de chanter ces chansons et de les enregistrer. J'ai dit chiche », expliqua Colette Renard à la sortie de ces titres.

« Les nuits d'une demoiselle » fut reprise par la comédienne Clotilde Courau lors de son passage sur la scène du Crazy Horse en 2010.

Colette Renard nous quitta cette même année après avoir connu un regain de popularité dans la série *Plus belle la vie*.

KAI WINDING & HIS ORCHESTRA (1963)

Face A : « Baby Don't Come on with Me »
Face B : « Time Is on My Side »

Au début des années 1960, Kai Winding, tromboniste d'origine danoise passé chez Benny Goodman et Stan Kenton, décide d'enregistrer des titres plus « pop » chez Verve, sous la direction du producteur Creed Taylor. C'est ainsi que le prolifique compositeur Jerry Ragovoy, sous le pseudonyme de Norman Meade, lui propose un instrumental agrémenté d'un refrain chanté : « Time Is on My Side ».

Avec Phil Ramone à la console et Cissy Houston, Dionne et Dee Dee Warwick aux chœurs, le titre n'est pourtant placé qu'en face B du single sorti en octobre 1963 et qui ne rencontre guère de succès. Quelques mois plus tard, Irma Thomas, la reine de la soul de La Nouvelle-Orléans, décide de reprendre le titre dans une version beaucoup plus gospel et groovy, et le compositeur Jimmy Norman, qui travaillera par la suite avec Jimi Hendrix et Bob Marley, est appelé à la rescousse pour écrire les paroles du couplet. Il a tout juste terminé lorsque Irma Thomas pénètre dans le studio. Le titre est superbement arrangé et interprété, mais il végète cette fois encore en face B d'un 45 tours, derrière « Anyone Who Knows What Love Is (Will Understand) ». Un mois passe et les Rolling Stones, toujours à l'affût d'une bonne reprise – et elles sont souvent planquées sur les faces B –, décident à leur tour de reprendre la chanson. Ils en enregistrent une première version à Londres, qui sort en single aux États-Unis en septembre 1964. Le disque se classe à la 6e place au Billboard et devient le premier titre des Stones à entrer dans le Top 10 des ventes aux États-Unis. Les cinq garçons interprètent en outre « Time Is on My Side » dans le *Ed Sullivan Show*. Leur carrière américaine est vraiment lancée et elle repose, à ses débuts du moins, sur des titres plus lents. C'est d'ailleurs en tournée promotionnelle aux États-Unis, en novembre 1964, qu'ils enregistrent une deuxième version de la chanson, où les guitares sont plus présentes. C'est cette mouture qui est désormais la plus connue et figure dans la plupart des anthologies.

« Time Is on My Side » a depuis été enregistrée par des dizaines d'artistes, dont Cat Power, Blondie, Wilson Pickett ou Patti Smith.

EAP 1 - 20620

I GET AROUND

FINDERS KEEPERS

FUN, FUN, FUN

DON'T WORRY BABY

THE BEACH BOYS

THE BEACH BOYS (1964)

Face A : « I Get Around »
Face B : « Don't Worry Baby »

Avec Elvis Presley et les Beatles, les Beach Boys furent de ces artistes dont la production fut d'une telle qualité et d'une telle constance que la distinction entre face A et face B était difficile à établir. C'est ainsi que si « I Get Around », leur premier numéro 1 aux États-Unis, fut un tube gigantesque et incontestable, son verso, « Don't Worry Baby », est également un classique du groupe et l'une de leurs chansons les plus connues. Elle figure d'ailleurs régulièrement dans les rétrospectives et les classements des plus grandes chansons des années 1960.

Ce titre, en phase avec les préoccupations adolescentes de l'époque – un garçon convie un rival à une course de voitures et remporte l'amour de sa belle –, était une tentative de Brian Wilson – et de son parolier Roger Christian – d'imiter le « Be My Baby » des Ronettes, un disque pour lequel il avait une passion obsessionnelle, l'écoutant jusqu'à cent fois par jour. Et on retrouve en effet certains accents du titre produit par Phil Spector dans cette composition, qui fixe le canon des œuvres à venir de nos plagistes.

« C'est une chanson dans laquelle j'ai vraiment mis mon cœur et mon âme. Certains pensent qu'elle parle d'une fille, d'autres d'une voiture. C'est un peu des deux », expliqua Brian Wilson en 2011. « Don't Worry Baby » fit l'objet de plusieurs reprises. La version de B.J. Thomas, dont les paroles sont légèrement modifiées, se classa dans le Top 20 aux États-Unis en 1977. Ronnie Spector, l'ancienne chanteuse des Ronettes, en enregistra également une mouture qui dut faire plaisir à Brian Wilson. On trouve également une version déjantée du batteur des Who, Keith Moon, fan des Beach Boys, et de Bryan Ferry.

THE BEATLES (1964)

Face A : « I Want to Hold Your Hand »
Face B : « I Saw Her Standing There »

1, 2, 3, 4… On oublie que c'est par ce décompte que démarre la carrière discographique des Beatles et que c'est ainsi que débute leur premier album, suivi immédiatement de cet « I Saw Her Standing There », l'un des morceaux qui rend le mieux compte du groupe qu'étaient les Beatles avant de devenir un phénomène. D'abord intitulé « Seventeen », ce rock enlevé et mélodique, dont la partie de basse a été empruntée à un titre de Chuck Berry, était l'un des clous des concerts des quatre garçons à la Cavern, leur club de prédilection à Liverpool. Conçu par Paul McCartney, il doit à John Lennon ses paroles les plus futées. À l'origine, Paul, qui comptait s'adresser au nombreux public féminin du groupe, avait écrit deux vers un peu faibles : *« Well, she was just seventeen and she was not a beauty queen »* (« Elle n'avait que dix-sept ans et ce n'était pas une reine de beauté »). John, qui travaillait à la chanson chez Paul, décréta à juste titre que c'était nul et suggéra : *« Well, she was just seventeen, you know what I mean… »* (« Elle n'avait que dix-sept ans, tu vois ce que je veux dire… ») Beaucoup plus efficace et plein de sous-entendus. Lorsqu'ils enregistrèrent le titre le 11 février 1963, leur producteur George Martin estima qu'il n'était pas nécessaire de démarrer par le *1, 2, 3, 4* dont ils avaient l'habitude. C'est à la neuvième prise que le décompte fut maintenu, lançant la carrière discographique des Beatles sur de bonnes bases. Bizarrement, le premier album d'Elvis Presley débutait également par un semblable *« one, two, three, four… »* En dépit de son succès auprès des fans, le titre ne fut pas diffusé en 45 tours au Royaume-Uni. Et c'est seulement aux États-Unis que Capitol décida de le faire figurer en face B de « I Want to Hold Your Hand ». Si ce dernier titre fut numéro 1 du Billboard pendant sept semaines début 1964, « I Saw Her Standing There » fut également classée et culmina au 14e rang.

THE BEATLES

WANT TO HOLD YOUR HAND

SAW HER STANDING THERE

5112

Capitol RECORDS

JACQUES BREL (1964)

Face A : « Jef »
Face B : « Les bonbons »

On oublie parfois qu'une large part du répertoire de Jacques Brel était composée de titres satiriques, caustiques, tragi-comiques, et que, sur scène, il leur donnait vie avec le talent d'un clown, d'un as de la pantomime. Sortant d'un concert du Grand Jacques au Carnegie Hall, un critique américain s'écria d'ailleurs : « Je n'ai rien compris aux paroles, et pourtant j'ai tout compris aux chansons... » C'est que le poète belge habitait ses personnages avec passion, rage et conviction. Dans sa galerie de portraits, qui va des bigotes aux bourgeois sans oublier ces gens-là, le plus grotesque et le plus pitoyable est sans doute le personnage des « Bonbons », benêt et fat, qui veut offrir ces friandises à Germaine « parce que les fleurs, c'est périssable ».

Jacques Brel le campe avec un fort accent bruxellois et une voix larmoyante qui souligne l'effet parodique d'un texte qu'une interprétation plus sobre rendrait plus ambigu. Certains Bruxellois lui en voulurent beaucoup, d'ailleurs, et ces critiques le blessèrent tant qu'il se sentit obligé de répliquer par une nouvelle version en 1967, sans accent cette fois. Il y fait dire à son prétendant : « J'ai perdu l'accent bruxellois. D'ailleurs plus personne n'a cet accent-là, sauf Brel à la télévision. »

Bref, la parodie ne fonctionne que si elle est bien comprise et l'homme aux bonbons est, il est vrai, plus complexe qu'il n'y paraît. Simple crétin ou butor intéressé et veule ?

« Le gars des "Bonbons", je n'ai jamais su si c'était une ordure ou un naïf », avoua Brel, avant d'ajouter qu'avec le temps, l'ordure s'était imposée.

Ces bonbons si controversés ne trouvèrent pourtant place qu'en face B de « Jef », l'un des personnages les plus émouvants de l'univers du chanteur.

SAM COOKE (1964)

Face A : « Shake »
Face B : « A Change Is Gonna Come »

« A Change Is Gonna Come » fut certainement la plus grande chanson de Sam Cooke, et il n'eut pas la chance d'en mesurer l'impact puisqu'il fut assassiné dans des circonstances troubles dans un motel le 11 décembre 1964, une semaine avant sa sortie en 45 tours. Le chanteur avait été à sa façon un nouveau Nat King Cole, parvenant à toucher aussi bien une audience noire que blanche avec ses titres dansants ou émouvants, mais souvent édulcorés par une production grand public. Inspiré par le « Blowin' in the Wind » de Bob Dylan et par plusieurs événements marquants dans sa vie, dont plusieurs manifestations de racisme, Sam Cooke avait décidé d'élargir sa palette et d'écrire à son tour une chanson engagée au côté des défenseurs des droits civiques. Ce fut « A Change Is Gonna Come », qui parut d'abord dans l'album *Ain't That Good News*. C'est d'ailleurs le titre éponyme qui fut choisi comme le 45 tours tiré de ce LP, sorti fin 1963. Décidé à donner plus d'audience à cette chanson qui comptait tant pour lui, Sam Cooke et son manager Allen Klein parvinrent à convaincre le label RCA de la sortir à son tour en single. Moyennant une petite coupe de trente secondes, le titre se retrouva ainsi en face B de « Shake », le dernier hit potentiel du chanteur. Que sa mort y ait contribué ou pas, « A Change Is Gonna Come » obtint elle aussi un grand succès, se plaçant au 31e rang des classements du Billboard.

Elle devint alors presque instantanément un hymne de bataille pour les défenseurs des droits civiques, et son aura grandit encore avec le temps, même si de tortueux différends juridiques empêchèrent sa diffusion pendant près de quarante ans. Qu'à cela ne tienne, elle fut réinterprétée par des dizaines d'artistes de premier plan, Otis Redding, Aretha Franklin, Bob Dylan, Solomon Burke, The Band, les Supremes ou encore Arcade Fire.
La chanson fut à nouveau au premier plan lors de la campagne électorale de Barack Obama en 2008 où elle fut souvent utilisée par celui qui allait devenir le premier président noir des États-Unis.

NAT KING COLE (1964)

Face A : « I Don't Want to See Tomorrow »
Face B : « L.O.V.E. »

Il est un peu incompréhensible que Capitol ait décidé de sortir « L.O.V.E. » en face B du single *I Don't Want to See Tomorrow*, tant le potentiel de ce morceau simple et redoutablement efficace était évident. Peut-être un choix de Nat King Cole lui-même, qui savait que cette session du 3 décembre 1964 était la dernière avant son admission dans l'hôpital où il décéderait trois mois plus tard. Le titre « Je ne veux pas voir demain » était un peu prémonitoire. L'album où figure cette chanson du chef d'orchestre allemand Bert Kaempfert portera en revanche le titre de « L.O.V.E. » qui reprend un procédé aussi vieux que la chanson, consistant à décliner les initiales d'un mot pour en faire à chaque fois le début d'une strophe. Bert Kaempfert en avait déjà produit une version instrumentale en 1964, avant de confier le texte au vénérable Milt Gabler, ancien producteur de Billie Holiday, Bill Haley et l'un des pionniers de la firme Decca.

La sortie de cet enregistrement peu de temps avant la mort du crooner noir en fit un succès exceptionnel, et Nat King Cole prit même le temps d'en enregistrer des versions française, espagnole, allemande et japonaise ; une forme de testament à tous ses fans dans le monde entier.

En français, sur des paroles de Jean Delleme, la chanson s'intitulait « Je ne repartirai pas ». Sacha Distel l'interpréta lui aussi.

En plus de la reprise obligée de sa fille Natalie, qui réenregistra tous les plus grands succès de son père, « L.O.V.E. » eut une postérité bien remplie et notamment dans la version qu'en livra Joss Stone en 2007.

mit einer Spitzenverrundung bis herab zu 13 µ (µ = mikron = tausendstel mm).
rspielen unserer Schallplatten sowie das Mitschneiden von Sendungen unserer Schallplatten auf Band oder Draht, auch zum privaten Gebrauch,
ten. Zur Vermeidung unerlaubter Überspielungen sind den Händlern Verleih, Vermietung und Auswahlsendungen untersagt.
Capitol RECORDS
NAT KING COLE
Capitol
TRADE MARKS REGD.
A CAPITOL RECORDS INC., U.S.A. RECORDING
CL 15365
AA 52142 45
COMET MUSIC LTD. BIEM/NCB
Licensed by ASSOCIATED ARTS, N.V.
Recording first published 1964
I DON'T WANT TO SEE TOMORROW
Words & Music by Bernie Wayne & L. Morri
NAT KING COLE
with Ralph Carmichael's Music

MEDIUM 434.954
ECOUTE CE DISQU
PRODUCTIONS CARRÈRE & PLAIT
PHILIP

SHEILA (1964)

Face A : « Écoute ce disque »
Face B : « Vous les copains »

« Vous les copains », deuxième grand succès de Sheila après « L'école est finie », sorti l'année précédente, fut l'un des tubes de l'année 1964. Et pourtant, il ne figurait qu'en face B du 45 tours quatre titres Philips ouvrant sur « Écoute ce disque », un titre de son mentor, Claude Carrère. Titre qui marchera lui aussi, se classant 5e des ventes en 1965… Mais la version de Manfred Mann de « Do Wah Diddy Diddy », quelques mois plus tôt, avait déjà été un tel tube planétaire et Sheila l'interprète avec tant de fraîcheur et d'enthousiasme que « Vous les copains » ne pouvait qu'être le moment privilégié de cet enregistrement. Claude Carrère est à la production, bien sûr, et c'est également lui qui se charge de l'adaptation de ce morceau du tandem à succès Jeff Barry & Elie Greenwich (inauguré par les Exciters en 1963), en compagnie d'Hubert Ithier, l'un des paroliers les plus chevronnés du métier. Matraqué par les radios, en phase avec son temps, le disque s'écoule à 375 000 exemplaires. Il reste l'un des grands classiques d'Annie Chancel, alias Sheila, qui débute la plupart de ses tours de chants avec ce titre. C'est ce qu'elle fera lors de son retour à la scène en 1989, un an après l'avoir réenregistré pour la sortie de la compilation *Le Meilleur de Sheila*. En 2010, Vanessa Paradis en gravera une version pour la bande-son du film *Thelma, Louise et Chantal* de Benoît Pétré.

Il est à noter qu'une autre version française existe, celle du Québécois Tony Roman (et ses Dauphins), qui conserve le titre original.

THEM (1964)

Face A : « Baby Please Don't Go » Face B : « Gloria »

Face B de « Baby Please Don't Go » des Them, « Gloria » reste l'un des titres les plus fameux, les plus purs et les plus increvables de l'histoire du rock, grâce à sa simplicité, son efficacité, mais surtout par l'interprétation habitée qu'en fait son auteur, Van Morrison, sur le 45 tours paru en juillet 1964. Le chanteur de blues de Belfast avait écrit ce titre en 1963 en Allemagne, où, comme beaucoup de groupes britanniques, il écumait les clubs avec sa formation, les Monarchs. L'efficacité du morceau sur scène fut tout de suite évidente, par son couplet parlé que Van Morrison improvisait souvent afin de faire durer le plaisir, et ce crescendo jusqu'au refrain scandé par les initiales de l'élue de son « cœur », G, L, O, R, I, A, Gloria ! Extrêmement facile à jouer – le chroniqueur du *Herald Tribune*, Dave Barry, écrivit qu'une guitare lâchée dans un escalier jouait « Gloria » spontanément ! – le titre devint un classique du rock « garage », interprété par d'innombrables groupes dans leurs locaux de répétition, au même titre que le « Louie Louie » de Richard Berry ou le « Route 66 » de Bobby Troup. Le titre est en effet si basique que la polémique demeure sur les musiciens qui jouent effectivement sur l'enregistrement effectué le 5 avril 1964 dans les studios Decca de Hampstead. Il est certain que Jimmy Page, le futur guitariste de Led Zeppelin, participa à la séance, ainsi que le futur arrangeur de Serge Gainsbourg, Arthur Greenslade, mais les Them jouent-ils eux aussi ? En tout cas, si le titre ne fut pas un immense succès pour le groupe irlandais lors de sa sortie, il fut repris des dizaines de fois et se classa dans le Top 10 du Billboard américain en 1966 dans la version des Shadows of Knight. Les Doors, qui partagèrent l'affiche du Whisky-A-Go-Go avec Them en 1966, firent également du titre l'un de leurs grands moments scéniques. Une des versions les plus célèbres et les plus rageuses du titre est celle exécutée par Patti Smith en 1975 sur son album *Horses*.

Dans le film de Georges Lautner *Ne nous fâchons pas*, le chanteur néo-zélandais Graeme Allwright interprète une chanson ressemblant à s'y méprendre à « Gloria », mais intitulée « Akou » et signée Bernard Gérard.

IRMA THOMAS (1964)

Face A : « Wish Someone Would Care »
Face B : « Break-a-way »

Souvent, une face B totalement oubliée retrouve une seconde jeunesse grâce à une reprise et c'est le cas de « Break-a-way », face cachée du plus grand succès d'Irma Thomas, « Wish Someone Would Care », sorti en 1964. La chanson signée par la grande Jackie DeShannon et par Sharon Sheeley, la petite amie d'Eddie Cochran, passa totalement inaperçue lors de la sortie du disque, dont la chanson phare se classa au 17e rang des classements du Billboard. Aujourd'hui, pourtant, c'est « Wish Someone Would Care » qui s'est effacée des mémoires alors que « Break-a-way » est devenue un classique de la reine de la soul de La Nouvelle-Orléans, qui l'interprète régulièrement sur scène.

Cette sortie de l'ombre s'est effectuée en plusieurs phases. La chanson, qui n'avait jamais figuré dans aucun hit-parade et n'avait même jamais été diffusée par une radio majeure aux États-Unis, fut néanmoins reprise en 1965 par Beryl Marsden, une chanteuse de Liverpool proche des Beatles. Si cette reprise, encore reléguée en face B, ne fut pas non plus un succès, elle eut le mérite de figurer sur de nombreuses compilations sur le Merseybeat, la scène de Liverpool dans les années 1960.

C'est peut-être ainsi qu'elle fut redécouverte par la chanteuse parodique Tracey Ullman, qui s'en empara en 1984 pour en accélérer le tempo déjà bien enlevé et en faire un des tubes de l'année. Poussée par un clip délirant, où la comédienne chantait en remplaçant le micro par un sèche-cheveux, cette reprise se porta au 4e rang des charts britanniques.

Il est à noter que le titre original de la chanson d'Irma Thomas « Break-a-way » fut condensé en « Breakaway ».

Même si cette version marcha moins bien aux États-Unis (70e au Billboard), Irma Thomas réintégra la chanson dans son répertoire tandis que son auteure, Jackie DeShannon, la réinterprétait en 1993. Une version française existe, enregistrée en 1964 par Agnès Loti sous le titre « Je pars sans regrets ».

ODEON
EMI
LA PLUS GRANDE COMPAGNIE MONDIALE DE DISQUES
WE CAN WORK IT OUT
DAY TRIPPER
the BEATLES
YOU WON'T SEE ME
NORWEGIAN WOOD
Photo Keystone Press Agency L

THE BEATLES (1965)

Face A : « We Can Work It Out »
Face B : « Day Tripper »

Le single *Day Tripper/We Can Work It Out*, sorti chez Parlophone le 3 décembre 1965, est généralement considéré comme le premier 45 tours « vraiment sans face B », les deux titres de l'enregistrement méritant tout autant d'être mis en avant. Il faut dire que John Lennon et Paul McCartney sont alors au summum de leur créativité et incapables de produire une chanson qui ne soit pas un chef-d'œuvre. C'est ainsi que ce disque « double face », poussé par le manager des Beatles, Brian Epstein, pour sortir avant Noël, se classe en effet numéro 1 des ventes au Royaume-Uni le 16 décembre et y restera pendant toute la durée des fêtes de fin d'année. Il s'agit du neuvième numéro 1 du groupe, même si le titre plafonne à la 5e place aux États-Unis. « Day Tripper » est une forme d'anomalie dans la carrière des Beatles en ce sens que c'est un morceau essentiellement écrit par John Lennon et qu'il est interprété par Paul McCartney, là où, en général, l'auteur originel assume la première voix. Le riff qui lance la chanson est l'un des plus connus des Beatles et un instrument d'apprentissage pour de nombreux guitaristes débutants.

Comme beaucoup de morceaux des Beatles à cette période, « Day Tripper » est un titre à double sens, dont les allusions au vocabulaire de la drogue sont assez apparentes.

La reprise la plus fameuse du titre est celle d'Otis Redding, sortie l'année suivante. James Taylor en produira également une mouture en 1973.

En France, hormis la version parodique des Beadochons (« Des tripes »), on note une adaptation de la chanteuse canadienne Sylvie-Anne en 1966 (« Un tour dehors »).

THE BYRDS (1965)

Face A : « All I Really Want to Do »
Face B : « I'll Feel a Whole Lot Better »

C'était – et c'est resté – une mauvaise habitude des maisons de disques de reconduire systématiquement une équipe gagnante en reproduisant quasi à l'identique un premier succès pour essayer de doubler la mise. C'est ce que Columbia fit en 1965 en imposant « All I Really Want to Do », une chanson de Bob Dylan, pour le deuxième single des Byrds. Le groupe venait de signer un tube planétaire avec une autre chanson de Dylan, « Mr Tambourine Man », et il paraissait donc logique de recommencer. Pourtant, sur la face B, une composition de Gene Clark, « I'll Feel a Whole Lot Better », valait largement le titre mis en avant et reste aujourd'hui bien plus connu et respecté des fans des Byrds.

Clark, le principal compositeur du groupe à cette époque, n'avait pourtant pas fait dans l'originalité, empruntant le riff qui charpente le titre au « Needles and Pins » des Searchers. Mais le son si caractéristique des Byrds, avec ses arpèges de Rickenbacker et ses chœurs entremêlant les voix de Roger McGuinn, Gene Clark et David Crosby, faisait le reste. Le texte par lequel le chanteur annonce à une jeune femme qu'il se sentira bien mieux en son absence, épice le tout d'une jolie dose de cynisme. Clark expliqua par la suite qu'il avait écrit cette chanson à propos d'une groupie un peu étrange qui s'était amourachée de lui pendant que le groupe jouait à résidence au Ciro's, un club de Los Angeles, avant de connaître la notoriété.

Il réenregistra le titre en solo en 1984.

Parmi les nombreuses reprises de cette chanson, la plus notable est sans doute celle de Tom Petty, gravée sur son album solo *Full Moon Fever* en 1989. Johnny Rivers, les Flamin Groovies et Dinosaur Jr ont également réinterprété ce morceau.

GLORIA JONES (1965)

Face A : « My Bad Boy's Coming Home » **Face B : « Tainted Love »**

« Tainted Love » fait partie de ces bombes à retardement de la musique populaire qui n'explosent que bien des années après avoir été posées. Lorsque Gloria Jones enregistre ce titre de son mentor Ed Cobb (à qui l'on doit également le « Dirty Water » des Standells), le titre est relégué en face B du single *My Bad Boy's Coming Home*, paru en mai 1965. Le disque ne marque pas les esprits et, malgré quelques succès prometteurs, Gloria Jones ne perce pas vraiment. Comme ce fut le cas pour un certain nombre d'interprètes de soul music, c'est le Royaume-Uni qui va donner une seconde chance à la chanteuse californienne. Ses disques, oubliés dans son pays, font un carton dans les clubs du nord de l'Angleterre, passionnés de soul obscure et qui créent une véritable vogue appelée la « Northern Soul ». Gloria Jones se retrouve l'égérie de ce mouvement et enregistre en 1976 une nouvelle version de « Tainted Love », devenue l'un des morceaux phares de la Northern Soul. C'est en allant danser dans une de ces boîtes que Marc Almond découvre le morceau et décide d'en enregistrer une version synthétique avec son groupe Soft Cell. Sortie en juillet 1981, cette version, poussée par une prestation mémorable dans l'émission *Top of the Pops*, se hisse instantanément au sommet des charts anglais et s'avère, avec 1,2 million de disques écoulés, le plus grand succès de l'année en Grande-Bretagne. Seize ans après sa première sortie, « Tainted Love » trouvait son public.

Ce succès tardif ne suffit certainement pas à consoler Gloria Jones, dont le destin avait basculé dans la tragédie quatre ans plus tôt. En 1969, alors qu'elle jouait dans la comédie musicale *Hair*, elle avait fait la connaissance de Marc Bolan et avait plus tard rejoint son groupe, T. Rex. Devenue sa compagne, elle conduisait la Mini dans laquelle la star du glam rock trouva la mort le 16 septembre 1977. L'année du succès de Soft Cell, elle enregistra un nouvel album avec Ed Cobb, l'auteur de « Tainted Love ».

Marilyn Manson enregistra également une reprise de la chanson en 2001, de même qu'Imelda May et les Scorpions en 2011.

DONOVAN

(1965)

Face A : « Turquoise »
Face B : « Hey Gyp »

« Hey Gyp » fait partie de ces morceaux que tout le monde connaît sans savoir exactement quel est son titre et de qui il s'agit. Publiée en face B du single de Donovan *Turquoise*, paru en octobre 1965, c'est en réalité une reprise d'une chanson des années 1930 de Kansas Joe et Memphis Minnie intitulée « Can I Do It for You ? » Mais Donovan, ne se rappelant pas qui en était l'auteur et pensant qu'elle était tombée dans le domaine public, a cru, dit-il, pouvoir se l'approprier. Gyp se réfère au sculpteur Gyp Mills, ami et manager de Donovan, qui accompagna le chanteur et les Beatles en Inde, où ils allèrent consulter le gourou Maharishi. La chanson ressortit en single et en face A aux États-Unis en 1966.
« Hey Gyp » fut reprise par les Animals sur leur album *Animalism* en 1967 et en single cette même année. Le titre devint l'un de leurs morceaux de bravoure sur scène, où Eric Burdon donnait toute la mesure de son talent de hurleur de blues. Une autre version notable est celle, très psychédélique, gravée par les Soul Survivors en 1967 en face B de leur unique tube, « Expressway to Your Heart ».
En raison de sa première strophe (*« I'll buy you a Chevrolet »*), ce titre fut également utilisé pour une publicité du fabricant automobile américain.

DONOVAN
PNV 24158
PYE
TURQUOISE
SUNNY
GOODGE STREET
HEY GYP
OH DEED I DO

SET ME FREE LITTLE GIRL
I NEED YOU
THE KINKS
vogue
SCHALLPLATTEN
DV 14361

THE KINKS

(1965)

Face A : « Set Me Free »
Face B : « I Need You »

« I Need You » boucle un triptyque avec lequel les Kinks remodelèrent la face du rock entre 1964 et 1965. Similaire dans la rage et la simplicité à leur tube initial, « You Really Got Me », et à sa suite « All Day and All of the Night », « I Need You » enfonce le clou avec son rythme saturé de feedback et de distorsion et est considérée par certains fans du groupe comme le plus abouti des trois titres. Sorti en mai 1965, il marque pourtant la fin d'une époque pour la formation des frères Davies et c'est pourquoi il est relégué en face B de ce « Set Me Free » qui annonce déjà les Kinks nouvelle version, plus mélodiques, plus fins, plus observateurs.

Reste qu'avec ce trio de chansons à la violence inédite, les Kinks demeurent aujourd'hui considérés comme les pionniers à la fois du hard rock et du punk. Les trois titres furent mis en boîte avec l'aide du producteur américain Shel Talmy, spécialisé à son corps défendant dans ce son saturé inventé par Dave Davies, qui lacérait les enceintes de son ampli au rasoir, et poussé à son extrême par les Who. Le 45 tours se classera au 9e rang des charts anglais en juin 1965.

THE MCCOYS (1965)

Face A : « Fever »
Face B : « Sorrow »

Les McCoys ne furent pas tout à fait le groupe d'un seul titre. Mais comme beaucoup de formations créditées d'un tube énorme dès leur premier single, ils eurent beaucoup de mal à rééditer le succès de « Hang on Sloopy », hit mondial écoulé à plus d'un million d'exemplaires sur le seul territoire des États-Unis en octobre 1965. Le 45 tours suivant, une reprise de « Fever », se glissa cependant au 7e rang des classements du Billboard quelques mois plus tard. C'est pourtant la face B de ce deuxième simple qui resta dans les annales. Reprise en Angleterre par les Merseys, « Sorrow » se hissa en 4e position des charts britanniques et attira l'attention d'un jeune chanteur prometteur du nom de Davy Jones, officiant alors au sein des Lower Third. Devenu David Bowie, il incorporera en 1973 cette chanson dans son album de reprises *Pin Ups*, dont *Sorrow* sera l'unique single. Arrangé à la Bowie par Mick Ronson, le titre se classera 3e des charts au Royaume-Uni. En face B, on retrouvait une version du classique de Jacques Brel, « Amsterdam », que Bowie avait découvert via Scott Walker (voir ce titre) et qu'il interprétait régulièrement sur scène.

Les McCoys, quant à eux, ne disparurent pas totalement de la scène musicale. Leur guitariste, Richard Zehringer, changea son nom en Rick Derringer et devint le complice de Johnny Winter et de son frère Edgar avant d'entamer une honnête carrière solo, puis de guitariste de scène ou de studio pour Steely Dan, Todd Rundgren ou le Ringo Starr All Starr Band.

BARRY MGGUIRE (1965)

Face A : « What's Exactly the Matter with Me »
Face B : « Eve of Destruction »

À dix-neuf ans, P.F. Sloan avait déjà une petite carrière musicale derrière lui en tant que membre du duo de surf les Fantastic Baggys et compositeur pour Jan & Dean. Mais la plage et les jolies filles n'ayant qu'un temps, le jeune homme, embauché par le label Dunhill, décide de s'attaquer à des sujets plus sérieux en cette période où le folk et le protest song, dans la foulée des succès de Bob Dylan, dominent le marché. En quelques heures, au petit matin, il écrit « Eve of Destruction », un état des lieux apocalyptique de la société américaine et un pamphlet au vitriol contre la guerre du Vietnam. Une phrase retient notamment l'attention du public, des critiques et des censeurs, alors que la majorité aux États-Unis est encore fixée à vingt et un ans : « Tu es assez vieux pour tuer, mais trop jeune pour voter. »
Le titre est d'abord enregistré par les Turtles sur leur premier album, mais passe totalement inaperçu. C'est alors que Barry McGuire, ancien chanteur des New Christy Minstrels, qui cherche des chansons, est présenté à P.F. Sloan. Il choisit quatre compos, dont « Eve of Destruction » est celle qu'il aime le moins. « Il préférait d'autres chansons de mon répertoire et en particulier "What's Exactly the Matter with Me", qui était à l'origine la face A. "Eve" était la dernière chanson qu'il comptait enregistrer, s'il avait le temps. En écoutant le disque, on se rend compte qu'il accélère le débit parce que la séance touche à sa fin et qu'il lit le texte pour la première fois sur un bout de papier où je l'avais noté. Le disque sort, mais "Eve" est en face B. Et puis quelque part dans le Midwest, un animateur radio a passé la mauvaise face ! » explique P.F. Sloan sur son site Internet.
Et c'est le raz-de-marée. La chanson touche une corde sensible dans l'inconscient américain et se retrouve rapidement numéro 1 des ventes. La critique s'empare du texte comme illustration du malaise de la jeunesse, et les conservateurs fustigent cet hymne anti-américain. Un groupe chrétien du nom de Spokesemen enregistre d'ailleurs une réponse intitulée « Dawn of Correction ».
Devenu un « Born again Christian », Barry McGuire refusera pendant des années de continuer à chanter son unique succès.
P.F. Sloan, pour sa part, continuera à pondre des hits pour les Turtles, les Searchers ou son propre groupe, les Grass Roots, avant de disparaître. En 1971, le droit de vote sera ramené de vingt et un à dix-huit ans.

RIGHTEOUS BROTHERS (1965)

Face A : « Hung on You » **Face B : « Unchained Melody »**

Voilà un titre qui obtint l'honneur totalement unique de figurer à quatre reprises en tête des charts britanniques avec quatre interprètes différents et sur près d'un demi-siècle ! Et pourtant, la plus connue de toutes ces versions, celle des Righteous Brothers, fut une face B… Son succès rendit même furieux Phil Spector, le patron du label Philles, qui n'avait pas pris la peine de produire le titre lui-même, puisqu'elle ne devait servir que de faire-valoir à « Hung on You », la face A désignée de ce 45 tours produit en 1965. C'est Bill Medley, l'un des deux Righteous Brothers avec Bobby Hatfield, qui s'y colla : « C'est moi qui ai produit "Unchained Melody", même si aujourd'hui Phil Spector s'en attribue le mérite. Ce n'était pas du tout prévu pour être un single, juste un titre sur l'album, mais dès sa sortie, cette chanson a tout cassé ! » a raconté ce dernier.

« Unchained Melody » est pourtant tout sauf une nouveauté lorsque les Righteous Brothers l'enregistrent. Thème de *Unchained*, un film de 1955 dont l'action se situe dans une prison, elle figure sous quatre versions différentes au classement du Billboard cette année-là : la version originale instrumentale de Les Baxter, la première version vocale due à Al Hibbler, ainsi que des versions de Roy Hamilton et de June Valli. Harry Belafonte enregistre lui aussi cette même année la chanson d'Alex North et Hy Zaret.

En Grande-Bretagne, c'est Jimmy Young qui est numéro 1 avec ce même titre !

En 1990, la version des Righteous Brothers figure sur la bande originale du film *Ghost* et retrouve les sommets, d'autant que le duo la réenregistre et que cette nouvelle reprise est elle aussi classée dans les meilleures ventes !

« Unchained Melody » se replacera en tête des charts outre-Manche avec le duo d'acteurs Robson & Jerome en 1995, puis en 2002 dans une adaptation de Gareth Gates, lauréat de l'émission *Pop Idol*.

En France, sous le titre « Les enchaînés », elle est enregistrée en 1956 par Mouloudji et Line Renaud. Johnny Hallyday livrera sa propre mouture en 2010.

THE TEMPTATIONS (1965)

Face A : « My Baby »
Face B : « Don't Look Back »

« Don't Look Back » (« Ne te retourne pas ») aurait pu être une incitation à ne pas s'intéresser à la face B de *My Baby*, single des Temptations sorti par Motown en septembre 1965. Mais c'eût été une grave erreur. Ce morceau de Smokey Robinson et de Ronald White, les deux leaders des Miracles, est en effet l'un des meilleurs du quintet vocal, qui l'entonnait systématiquement à la fin de ses concerts, et ce jusqu'au départ du groupe de Paul Williams, qui en assurait les vocaux. Smokey Robinson, l'un des grands faiseurs de tubes de la Motown, avait en effet composé le titre spécifiquement pour Paul Williams, souvent considéré comme le troisième chanteur des Temptations derrière David Ruffin et Eddie Kendricks. Frustré par cette position de second plan et en proie à de sérieux problèmes d'alcoolisme, Williams décrocha en 1971.

Si « My Baby » reçut un excellent accueil, se classant dans le Top 20 du Billboard, « Don't Look Back » eut également sa vie propre, grimpant au 14e rang des charts R'n'B aux États-Unis. Et sa postérité fut bien plus foisonnante que celle de sa face A, puisque l'on trouve des reprises d'Al Green, Bobby Womack, Phil Collins ou Teena Marie. De ces resucées, la plus notable est sans doute la version reggae gravée par l'ancien leader des Wailers, Peter Tosh, en duo avec Mick Jagger. Cette mouture d'une chanson que Tosh avait déjà reprise en 1966 fut un mini-tube en 1978.

F 12104
THE LAST TIME
PLAY WITH FIRE
DECCA

ROLLING STONES (1965)

Face A : « The Last Time » Face B : « Play with Fire »

« Play with Fire » ne figure pas dans le peloton de tête des grands succès des Rolling Stones, mais reste l'un de leurs titres les plus indémodables, l'un de ceux où ils commencent à s'émanciper des reprises de leurs maîtres pour créer un son et un style. Mick Jagger y inaugure son personnage de chanteur cynique et hautain, qui met en garde une jeune femme de la bonne société en lui conseillant de ne pas jouer avec lui, le rebelle sulfureux. Un thème à peu près similaire sera repris un an plus tard dans « 19th Nervous Breakdown ». Signée Nanker Phelge, le pseudo utilisé pour les morceaux composés par l'ensemble du groupe, « Play with Fire » est pourtant une pure création de Mick Jagger et Keith Richards, restés seuls en studio pour l'enregistrer avec le producteur Phil Spector alors que leurs compères sont allés se coucher après une longue séance et à la veille d'un départ en tournée pour l'Australie. Richards est à la guitare, Jagger au chant et au tambourin, Spector assure la basse sur une électrique désaccordée et l'arrangeur Jack Nitzsche agrémente le morceau d'une partie de clavecin qui lui donne tout son cachet. Faute de voix fraîches, on fait appel à une femme de ménage pour assurer les chœurs ! Une première version, plus rapide, intitulée « Mess with Fire », a également été enregistrée, mais n'a jamais été publiée.

Sortie en face B de « The Last Time » en février 1965, elle ne figure pas sur la version anglaise de l'album *Out of Our Heads*, mais restera un des titres préférés des Stones, qui continueront à l'interpréter sur scène pendant de longues années.

« Keith et moi l'avons écrite. C'est sorti comme ça. C'était comme ça qu'on voyait la bonne société, les familles des filles riches. C'est rendu de manière un peu naïve dans ces chansons. Je ne sais pas si c'était osé. Ça n'avait simplement jamais été fait », expliquera Jagger des années plus tard au magazine *Rolling Stone*.

En France, le titre a été repris par Nicola Sirkis en 1991 et par Little Bob Story.

THE YARDBIRDS (1965)

Face A : « I'm a Man » ou « Evil Hearted You »
Face B : « Still I'm Sad »

« Still I'm Sad » est l'une des compositions les plus originales des Yardbirds, l'un de leurs « classiques » et pourtant elle ne figura en face A d'un single ni en Angleterre, où elle est reléguée côté pile de « Evil Hearted You » ni aux États-Unis, où elle cède la vedette à leur version du « I'm a Man » de Bo Diddley, l'un de leurs morceaux de bravoure scénique. Nous sommes à l'époque charnière où le rock anglais s'émancipe de ses emprunts au rock'n'roll et au rhythm'n'blues américains et commence à assumer ses propres compositions, quitte à les reléguer pour l'heure sur la face cachée. Composée par le batteur Jim McCarty et écrite par le bassiste Paul Samwell-Smith, c'est une chanson très étonnante, presque un chant grégorien, très éloigné du répertoire bluesy du groupe, et sa mélodie plaintive intrigue autant qu'elle captive : « C'est comme l'incantation d'un chœur masculin et la mélodie principale est exactement la même que la partie des chœurs, ce qui est inhabituel. C'est moi qui ai écrit cette face B », expliquait Paul Samwell-Smith à la sortie du disque en 1965. « C'est une chanson très pensive, très sensible sur la perte, d'un amour ou d'autre chose », expliquait pour sa part Jim McCarty.

En tout cas, les Yardbirds s'éloignaient avec ce titre de leur zone de confort pour entrer déjà dans le psychédélisme, et cette mélodie lancinante reste une de leurs plus grandes réussites. Son maintien en face B traduit bien les réalités du marché du disque des deux côtés de l'Atlantique à cette époque. Au Royaume-Uni, on lui préfère « Evil Hearted You » parce qu'elle est signée Graham Gouldman, compositeur chevronné (et futur 10cc) qui a déjà donné au groupe leurs deux premiers succès, « For Your Love » et « Heart Full of Soul ». Aux États-Unis, on fait confiance aux produits locaux et à ce « I'm a Man » plus familier aux oreilles américaines et enregistré dans les studios Chess de Chicago. Le titre sera plus tard repris par Boney M et par le groupe Rainbow.

ANTOINE (1966)

Face A : « Qu'est-ce qui ne tourne pas rond chez moi ? »
Face B : « Les élucubrations »

Deux chansons symbolisent les années 1960 en France, « Les cactus », de Jacques Dutronc, mais surtout « Les élucubrations » d'Antoine, véritable choc thermique de l'année 1966. Voici un garçon, ingénieur par ailleurs, qui revendique son choix de porter des cheveux longs et des chemises à fleurs, plaide pour la vente de la pilule dans les pharmacies, et attaque de front une institution du déjà vénérable rock'n'roll, en réclamant qu'on mette Johnny Hallyday en cage à Médrano ! Le tout ponctué d'un « Oh yeah ! » qui devient le cri de ralliement de ces jeunes sauvages qui rompent avec la génération déjà bien sage des copains… Avec son harmonica emprunté à Dylan et sa rythmique inspirée des Kinks, orchestrée par le meilleur groupe d'alors, les Problèmes – qui deviendront les Charlots –, Antoine dézingue tout d'un seul coup, le temps d'une face de 45 tours, et fait basculer la vieille France dans la modernité. Cette face, c'est d'abord une face B, bien sûr, celle d'un EP quatre titres où l'on retrouve en face A « Qu'est-ce qui ne tourne pas rond chez moi ? » et « Petite fille ne crois pas », tandis que « Les élucubrations » se partage l'autre face avec « Pourquoi ces canons ? ». C'est que Vogue a fait des pieds et des mains pour que le disque ne sorte pas, craignant avec raison la réaction des ligues de moralité et des avocats de Johnny. Ce dernier répliquera en chanson avec « Cheveux longs, idées courtes ».

Alors que Maurice Chevalier constate que « jamais un artiste n'a atteint aussi vite le sommet du succès », Antoine en devient très vite l'otage.

Repris en main par le show-business, il part faire une autre carrière en Italie puis décide de tout plaquer pour devenir le voyageur en chemise Hawaï qu'il est toujours aujourd'hui.

HUGUES AUFRAY

CELINE — LES MERCENAIRES — STWEBALL

— LE BON DIEU S'ENNUYAIT —

Barclay

HUGUES AUFRAY (1966)

Face A : « Céline » **Face B : « Le bon Dieu s'ennuyait »**

1966 fut la grande année d'Hugues Aufray, comme en atteste ce 45 tours quatre titres publié par Barclay sous le numéro 71061. Si « Céline » en reste le tube nominal, on y retrouve également « Stewball » et « Le bon Dieu s'ennuyait », deux titres qui font encore, près de cinquante ans après, le bonheur des colonies de vacances, des veillées au coin du feu ou des chorales pour enfants. Des classiques donc, quasi obligatoires pour les candidats au BAFA, le brevet d'aptitude à la fonction d'animateur. Un carton plein aussi pour ce chanteur à part dans l'histoire de la chanson française, baba cool avant la mode, écolo avant l'heure et découvreur de Dylan, ringardisé après Mai 68 après avoir été un précurseur. Hugues Aufray se moquait, cela dit, du succès comme de sa première veste à franges et il poursuivit son chemin en gentleman-farmer, loin des spotlights de l'époque yé-yé. « Le bon Dieu s'ennuyait », retraçant avec humour et délicatesse la Genèse vue par Pierre Delanoë, devait également beaucoup à la mélodie enlevée et entraînante de Jacques Revaux – impossible de ne pas l'entonner en chœur – d'où son succès. En face A, « Céline » était bien sûr de la graine de tube instantané grâce à son histoire un peu triste d'une grande sœur restée vieille fille par amour de ses frères et sœurs et à la mélodie imparable de Mort Shuman. Succès indéniable, elle propulsa Hugues Aufray pendant trois semaines en vedette à l'Olympia. Mais de tous les titres de cet EP, c'est peut-être encore « Stewball » qui eut la plus grande longévité, au moins dans les cours de récré et les cortèges de boy-scouts. Cette histoire de cheval blanc qui permet à une famille peu fortunée de croire à la revanche sur le sort, est inspirée de diverses chansons du folklore britannique et américain – Leadbelly, Woody Guthrie – évoquant un cheval ayant réellement existé en Angleterre au début du XVIIIe siècle, même si les versions et le nom du cheval diffèrent (Stewball ou Skewball). C'est encore Pierre Delanoë qui donne corps à la jolie mélodie traditionnelle, popularisée notamment par Joan Baez ou Peter, Paul and Mary, mais en inversant le propos puisque le Stewball d'origine était un crack, qui remportait toutes ses courses. À noter encore pour les collectionneurs que la pochette originale indique « Le bon Dieu s'énervait » au recto et « Skewball » au verso, au lieu des titres exacts.

THE BEACH BOYS (1966)

Face A : « Wouldn't It Be Nice ? »
Face B : « God Only Knows »

Communément reconnue comme la plus belle chanson des Beach Boys avec « Good Vibrations », « God Only Knows » n'eut pourtant pas les honneurs de la face A d'un 45 tours. Issu du mythique album *Pet Sounds*, le titre céda la place sur le single qui en fut issu à « Wouldn't It Be Nice ? », peut-être parce que Brian Wilson et ses garçons de la plage avaient peur de l'effet que pouvait produire ce titre dans la très religieuse Amérique. Aucune chanson pop n'avait en effet osé jusqu'alors inclure Dieu dans son intitulé. Et pourtant, on touche presque au divin, tant ce sommet de la chanson d'amour est considéré par beaucoup comme la plus belle chanson du XXe siècle. Ainsi David Bowie, qui en fit une reprise dans l'album *Tonight*, Paul McCartney ou Bono, le chanteur de U2, placent-ils cette composition du génie torturé des Beach Boys au sommet de leur juke-box intime. Le bassiste des Beatles avoua ainsi à la BBC : « "God Only Knows" est une des rares chansons qui me fait fondre en larmes à chaque fois que je l'entends. Ce n'est qu'une chanson d'amour, mais elle est si brillamment construite. Elle démontre le génie de Brian. J'ai été amené une fois à la chanter avec lui et je dois avouer que j'ai craqué pendant la balance. C'était trop, de me trouver à côté de lui à chanter cette chanson qui me touche tant. »

Les musicologues ont glosé sans fin sur le talent de composition de Brian Wilson et ont noté la progression harmonique instable du couplet qui conduit à l'assise rassurante et magique du refrain. De la même manière, les paroles de Tony Asher débutent par une interrogation, un doute – « peut-être que je ne t'aimerai pas toujours… » – pour s'achever sur la certitude de l'éternité de l'amour. Ajoutons sur cet écrin la voix cristalline de Carl Wilson et nous concluons, comme Bono, que cette chanson est « la preuve de l'existence des anges ».

EAP 502458 Ⓜ

Capitol RECORDS

EMI

LA PLUS GRANDE COMPAGNIE MONDIALE DE DISQUES

THE BEACH BOYS

WOULDN'T IT BE NICE

Photo Capitol

DON'T TALK ▪ GOD ONLY KNOWS ▪ I KNOW THERE'S AN ANSWER

THE BEATLES (1966)

Face A : « Yellow Submarine » Face B : « Eleanor Rigby »

Difficile avec les Beatles de savoir où étaient les faces A et les faces B et si, comme Elvis, ils publièrent une bonne vingtaine de 45 tours « à double face A », c'est autant parce que leur popularité transformait tous leurs titres en succès, que parce que la machine à tubes Lennon/McCartney fonctionnait à plein régime. La distinction fut plus facile à établir lorsque les Fab Four quittèrent Parlophone pour créer leur label Apple puisque, alors, les faces A présentaient sur la rondelle centrale une pomme entière et les faces B une pomme coupée. Ce ne fut pas le cas pour *Yellow Submarine/Eleanor Rigby*, toujours chez Parlophone, mais ce single est un bon exemple du fossé culturel creusé à cette époque entre l'Angleterre du Swinging London et le reste du monde. C'est ainsi qu'« Eleanor Rigby », chanson sur la solitude, complexe, élaborée, au texte fouillé et grave, en rupture complète avec les canons de la pop, fut considérée outre-Manche comme la face A. Sur le reste de la planète, le quasi enfantin « Yellow Submarine » (c'était d'ailleurs au départ une chanson pour enfants) fut un carton transgénérationnel, qui fut même repris par Les Compagnons de la Chanson. Si le sous-marin psychédélique, seule face A des Beatles chantée par Ringo, fut numéro 1 quasiment partout dans le monde (mais seulement 2e aux États-Unis derrière le « You Can't Hurry Love » des Supremes), « Eleanor Rigby » atteignit le sommet des charts au Royaume-Uni, mais dérouta les Américains où le titre culmina à la 11e place. Il ne fut classé nulle part ailleurs.

« Eleanor Rigby » est une excellente illustration de la manière de travailler des Beatles à cette époque. À l'origine, Paul McCartney avait écrit la mélodie du couplet et un début de texte où Eleanor Rigby se nommait Miss Daisy Hawkins et le prêtre Father McCartney. Ce deuxième nom fut changé en McKenzie pour des raisons évidentes. On se demanda longtemps d'où venait le nom d'Eleanor Rigby jusqu'au jour où fut découverte une tombe à ce nom dans le cimetière de Woolton, le village où John Lennon et Paul McCartney s'étaient rencontrés. Paul assura que cette pierre tombale avait dû s'imprimer dans son inconscient. Le groupe réuni ajouta son morceau au puzzle, George Harrison proposant les *« Ah, look at all the lonely people »* qui ponctuent les couplets tandis que John Lennon et Ringo Starr contribuaient au texte. Le tout fut ficelé par George Martin avec un orchestre de chambre et un arrangement somptueux du cinquième Beatle. Lennon, déjà agacé par la quasi-perfection de « Yesterday », tenta bien par la suite de gonfler son apport à cette chanson, mais elle reste un exemple marquant du génie mélodique de son compère.

THE BEATLES (1966)

Face A : « Paperback Writer » Face B : « Rain »

Souvent considérée comme la meilleure face B des Beatles – et donc de tous les temps ! – « Rain » marque à bien des égards une date importante dans la musique populaire et les techniques d'enregistrement. Travaillant les chansons de *Revolver*, dont la sortie eut lieu quelques semaines après le 45 tours mettant en vedette « Paperback Writer », les Beatles, leur producteur fétiche George Martin et l'ingénieur du son Geoff Emerick laissèrent libre cours à leur imagination en studio, tentant des innovations qui allaient faire date. Comme le dit John Lennon, son auteur, dans un des films consacrés à « Rain » : « C'est la première chanson avec une bande à l'envers. » Et en effet, dans le dernier couplet, la voix de Lennon est retournée, ce qui donne un effet onirique dont les Beatles, et à leur suite tout le mouvement psychédélique, vont user et abuser dans les années suivantes. John Lennon et George Martin se disputent la paternité de cette idée, mais peu importe, le résultat est là, apportant une touche finale à une composition parfaitement aboutie. La partie de basse vrombissante de Paul McCartney, la prestation superbe de Ringo Starr, sa meilleure avec les Beatles, et la voix nasillarde de John Lennon parlant de la pluie et du beau temps, font du titre un des moments fondateurs du rock psychédélique. La plupart des groupes de garage de ce mouvement produiront pendant de longues années – et jusqu'à aujourd'hui – de pâles resucées de ce coup d'essai – avec le « Tomorrow Never Knows » des mêmes Beatles, et le « Eight Miles High » des Byrds. Autre nouveauté technique, l'utilisation d'un compresseur permettant d'enregistrer la chanson plus fort, mais sans saturation, donnant à l'enregistrement beaucoup plus de présence. Enfin, les Beatles tournèrent trois petits films pour illustrer la chanson, inventant par là même le vidéo-clip ! Pas mal pour une face B.

BOB DYLAN (1966)

Face A : « I Want You »
Face B : « Just Like Tom Thumb's Blues »

Parmi les options offertes à un artiste en mal de face B, celle de l'enregistrement en concert a souvent été utilisée, permettant de recycler un morceau déjà paru dans un album précédent dans une version « live » restituant la chaude ambiance des prestations scéniques. Cela n'était cependant pas très habituel en 1966 et encore moins de la part de Bob Dylan, qui mettra huit ans de plus à sortir son premier album en public, *Before the Flood*, en 1974. « Just Like Tom Thumb's Blues », l'une des pépites de *Highway 61 Revisited*, qui en compte tant, était devenue l'un des clous des spectacles de Dylan avec son groupe de scène, The Band. Ce texte habité et tragi-comique, récit onirique de la vie sur la route, prenait en concert une dimension particulière, faite de tension et de fureur, que Dylan aboyait comme un appel à l'aide. Et les petits malins qui se précipitèrent pour faire l'acquisition du 45 tours *I Want You*, apéritif à l'album *Blonde on Blonde*, eurent le privilège, en face B, de savourer l'un de ces moments rares où Dylan se transcende sur scène et se mue en hurleur de blues. L'enregistrement, réalisé le 4 mai 1966 à Liverpool, replonge l'auditeur dans toute la folie de cette année où le plus grand chanteur de la musique populaire américaine évoluait au sommet de son art. Cette version, particulièrement recherchée, fut rééditée dans la compilation *Masterpieces* en 1978.

Dave Marsh, auteur de l'ouvrage de référence *The 1001 Greatest Singles Ever Made*, classe d'ailleurs cet enregistrement parmi la petite dizaine de faces B à ses yeux indispensables.

Dylan se fera par la suite une spécialité des albums pris sur le vif, publiant lui-même les enregistrements pirates de ses concerts dans les « Bootleg Series », coupant ainsi l'herbe sous le pied de ceux qui auraient voulu en tirer profit.

J.J. CALE (1966)

Face A : « Slow Motion » **Face B :** « After Midnight »

C'est une face B, « After Midnight », qui a sauvé la carrière de J.J. Cale au moment où le discret riffeur de Tulsa s'apprêtait à raccrocher… Né John Weldon Cale en 1938, notre homme était parti tenter sa chance en Californie comme ingénieur du son puis comme chanteur, mais la demi-douzaine de singles enregistrés pour le label Liberty de 1958 à 1966, dont *Slow Motion/After Midnight*, n'avaient rencontré qu'indifférence. J.J. Cale était d'ailleurs rentré dans son Oklahoma natal lorsque Eric Clapton, en 1970, découvrit « After Midnight », officiellement grâce à Delaney Bramlett, membre de son groupe Derek & The Dominoes (mais plus probablement grâce à Leon Russell, pianiste de Clapton à l'époque et autre natif de Tulsa). Le *guitar hero* décida aussitôt d'enregistrer le titre, qui fut un succès immédiat. Et c'est totalement par hasard que son auteur, découvrant cette reprise à la radio, décida de s'y remettre et de proposer à nouveau sa propre version du morceau. « J'étais dans une misère noire, j'avais à peine de quoi manger et je n'étais plus un jeune homme. J'avais la trentaine et je fus vraiment très heureux d'entendre cette reprise. C'était bien de gagner un peu d'argent », expliqua-t-il au magazine *Mojo*.

Dans la foulée, J.J. Cale grava pour le label Shelter de son ami Leon Russell son premier album, *Naturally*, dont « After Midnight » fut le grand succès. Sa carrière était (re)lancée. Clapton resta l'un des plus grands fans du bonhomme, enregistrant également son autre titre le plus célèbre, « Cocaine », ou encore « Travelin Light ». Neil Young estime pour sa part que J.J. Cale est le plus grand guitariste de l'histoire, avec Jimi Hendrix.

Outre la version de Clapton, où l'on retrouve d'ailleurs Leon Russell, le titre fut repris par Chet Atkins, Sergio Mendes et même le groupe de reggae The Pioneers, dès 1971.

COLGEMS

86.952 M

RCA VICTOR

The Monkees

I'M A BELIEVER

(I'm Not Your) STEPPIN' STONE

THE MONKEES (1966)

Face A : « I'm a Believer »
Face B : « (I'm Not Your) Steppin' Stone »

«(I'm Not Your) Steppin' Stone» est l'une des chansons produites par Tommy Boyce et Bobby Hart pour les Monkees avant même qu'ils ne soient formés. Recruté pour la direction musicale du feuilleton qui allait donner naissance au groupe, le duo enregistra lui-même tous ses premiers succès avant que les musiciens/comédiens recrutés ne réenregistrent les voix par-dessus les leurs. Déjà remarqué pour leur travail pour Chubby Checker ou Little Anthony & The Imperials, les deux compositeurs faisaient aussi du recyclage puisque ce «Steppin' Stone» avait déjà été sorti par Paul Revere & The Raiders l'année précédente sur leur album *Midnight Ride*. Placé en face B de «I'm a Believer», qui sera la plus forte vente de disques aux États-Unis en 1967, le titre sera la première face B des Monkees à se hisser également dans les classements du Billboard, au 20e rang.

Rock rageur adressé à une compagne un peu dominatrice (le titre pourrait se traduire par «Je ne me laisserai pas marcher dessus»), «Steppin' Stone», avec la progression harmonique simple et crescendo de son refrain et son couplet scandé (chanté par le batteur Mickey Dolenz), est devenue un classique du rock garage, repris par des dizaines de groupes. On en trouve ainsi par la suite des reprises des Sex Pistols, de Sid Vicious en solo, de Johnny Thunders ou des Trashmen. En France, les Angevins des Thugs en produisirent une version.

NANCY SINATRA (1966)

Face A : « Sugar Town »
Face B : « Summer Wine »

Sortie en face B du simple *Sugar Town*, « Summer Wine » est le premier des duos, aujourd'hui mythiques, enregistrés par Nancy Sinatra et Lee Hazlewood. Le chanteur et producteur avait déjà essuyé les plâtres de ce morceau à mi-chemin entre le *easy-listening* et le psychédélisme un peu plus tôt avec la chanteuse suédoise Suzi Jane Hokom, pour qui il avait produit un album entier. Sur le thème de la femme maléfique et envoûtante ensorcelant le preux chevalier – en l'occurrence un cow-boy –, le titre est une des grandes réussites de Lee Hazlewood, sorte de chanson country cosmique ou de musique de western-spaghetti sous acide. Les paroles sont tout aussi troublantes, pratiquant le double sens aphrodisiaque ou hallucinogène avec un bel entrain. Le tout avec les arrangements toujours à la limite de l'outrance qui sont la marque de Lee Hazlewood. Tandis que « Sugar Town » se lançait à l'assaut des classements du Billboard, « Summer Wine » figurait en bonne place dans l'album de duos *Nancy & Lee* produit en 1968. C'en est aujourd'hui l'un des meilleurs moments, avec « Some Velvet Morning » et « Jackson » et l'un des plus beaux duos pop des années 1960. Ils sont nombreux depuis à avoir tenté de goûter au vin estival de Nancy et Lee. Demis Roussos, Bono avec les Corrs, tandis qu'en Allemagne, une version de Ville Valo et Natalia Avelon fut l'un des grands succès de 2007. En France, l'étrange attelage formé par Marie Laforêt et Gérard Klein proposa un « Vin de l'été » en 1969. En 2011, Benjamin Biolay et Isabelle Boulay ont interprété le titre en anglais, tandis que le groupe Lazy Days en offrait une autre mouture intitulée « Mon élixir ».

HITS
U.S.A
disques
vogue
VOGUE INTERNATIONAL INDUSTRIES
SERIE
Fashion
DISTRIBUTED BY
disques
vogue
reprise:
Made in France
45
NANCY
SINATRA
with Lee Hazlewood
Courtesy MGM Records
Arr. & Cond. by
Billy Strange Prod. by
Lee Hazlewood
RV. 20105
(45 RV. 20105 B)
BIEM
SUMMER WINE
(L. Hazlewood)
3'39
ALL RIGHTS OF THE MANUFACTURER AND OF THE OWNER OF THE RECORDED WORK RESERVED UNAUTHORISED PUBLIC PERFOMANCE BROADCASTING AND COPYING OF THIS RECORD PROHIBITED

NAPOLEON XIV (1966)

Face A : « They're Coming to Take Me Away Ha-Haaa ! »
Face B : « ! aaaH-aH ,yawA eM ekaT ot gnimoC er'yehT »

Le principe de la face B a toujours poussé les petits malins ou les facétieux à détourner le concept pour tenter d'attirer l'attention sur ce côté obscur du 45 tours. Napoleon XIV – de son vrai nom Jerry Samuels – eut le premier l'idée aussi simple que saugrenue de proposer la face A enregistrée et titrée à l'envers ! C'est ainsi que « They're Coming to Take Me Away Ha-Haaa ! », son succès inattendu de 1966, devint côté pile « ! aaaH-aH ,yawA eM ekaT ot gnimoC er'yehT ». Voilà une version sans queue ni tête qui collait parfaitement avec la teneur totalement loufoque de ce chef-d'œuvre de *nonsense* qui se classa au 3e rang des ventes aux États-Unis et s'écoula à plus d'un million d'exemplaires. Ce succès poussa Jerry Samuels, ingénieur du son à l'origine, à enregistrer un album sur le même thème de la folie – après « Ils viennent me chercher », on y trouve les titres comme « Une araignée au plafond » ou « Dans les bras de ma camisole » – qui fut un bide. Un deuxième 45 tours, *I'm in Love with My Little Red Tricycle*, fit également long feu. Le critique britannique Dave Marsh estime, sans doute à juste titre, que « ! aaaH-aH ,yawA eM ekaT ot gnimoC er'yehT », bien sûr créditée à VIX noelopaN, est la chanson la plus inaudible jamais placée dans un juke-box.

Bizarrement, il y eut plusieurs reprises de « They're Coming to Take Me Away Ha-Haaa ! », les plus notables étant celles d'Amanda Lear et de Kim Fowley.

Et bien sûr, la France eut droit à sa version, « Ils finiront par m'enfermer », signée L'Empereur, et dont la face B fut également enregistrée à l'envers. L'adaptation est signée Ralph Bernet, parolier pour Claude François et Johnny Hallyday.

THE BEATLES (1967)

Face A : « Hello, Goodbye » Face B : « I Am The Walrus »

« I Am the Walrus » est l'un des meilleurs exemples de l'humour très particulier de John Lennon. Apprenant qu'un prof d'anglais de son ancienne école de Liverpool faisait étudier à ses élèves la signification des chansons des Beatles, et disposant de trois bribes de chanson inachevées, il s'amusa à mélanger les trois extraits qu'il avait en tête avec une comptine de son enfance afin de forger cet « I Am the Walrus », un collage au final totalement surréaliste. « Tiens, qu'ils s'amusent à déchiffrer celle-là ! » lança-t-il d'ailleurs à son ami d'enfance Peter Shotton, présent lorsqu'il finit de composer l'ensemble.

Ce façonnage en collage présida à l'enregistrement du titre en septembre 1967 aux studios EMI avec George Martin. Ce dernier ajouta des cordes, des cuivres et un chœur auquel furent ajoutés les choristes maison, les Mike Sammes Singers, chargés des rires, des vociférations et des empilements de phrases sans queue ni tête qui ponctuent la fin du morceau. Un extrait du *Roi Lear* de Shakespeare est utilisé en fond de sauce, pour lier l'ensemble.

Lennon avoua plus tard qu'il avait écrit le début du texte sous acide et que le *walrus* (le morse) se référait à un poème de Lewis Carroll, « Le morse et le charpentier », très prisé des surréalistes. Si toute tentative d'explication de texte semble vouée à l'échec, il paraît assez clair que Lennon s'identifiait à ce personnage de « morse », un animal qui revient dans trois autres de ses chansons, « Glass Onion », « Come together » et « God ».

« I Am the Walrus » sortit fin 1967 en face B de « Hello, Goodbye », un des nombreux numéros 1 du groupe. Il figure aussi sur le EP quatre titres sorti en marge de l'album et du film *Magical Mystery Tour*. Celui-ci se plaça en 2e place des charts britanniques, faisant figurer la chanson simultanément aux deux premières places de ce classement des ventes.

Malgré sa complexité, le morceau fut l'objet de nombreuses reprises : par le groupe Styx, qui en sortit une version live en 2004, mais aussi par Oasis, qui le fit figurer en face B de leur single *Cigarettes & Alcohol* en 1994.

THE BEATLES
(1967)

Face A : « Penny Lane »
Face B : « Strawberry Fields Forever »

Les Beatles pratiquent déjà depuis longtemps le principe des doubles faces A lorsque sort, en février 1967, le single *Penny Lane/Strawberry Fields Forever* et le concept commence peut-être à être contre-productif puisque, si l'ensemble est numéro 1 aux États-Unis (mais pour « Penny Lane »), il plafonne à la 2e place au Royaume-Uni après une série ininterrompue de numéros 1 depuis 1963. Pourtant « Penny Lane » comme « Strawberry Fields » sont d'authentiques chefs-d'œuvre, revisitant l'un et l'autre le Liverpool de l'enfance de Paul McCartney (« Penny Lane ») et de John Lennon (« Strawberry Fields »). Le 45 tours marque également un moment charnière de la carrière des Beatles, celui où ils abandonnent définitivement la scène pour se consacrer au studio. Et ces deux titres, beaucoup plus sophistiqués que la production antérieure du quartet, annoncent les grands chefs-d'œuvre à venir, « Sergent Pepper's » notamment, pour lequel « Strawberry Fields » avait été composé à l'origine. C'est d'ailleurs pour tuer le temps sur le tournage de *La guerre est finie*, où il s'ennuie à mourir, que Lennon compose cette évocation d'un orphelinat près duquel il allait jouer lorsqu'il était bambin. Avec ses effets spéciaux, ses bandes à l'envers, son instrumentation sophistiquée et rendue onirique par l'utilisation du mellotron, le titre est l'un des premiers grands moments du rock psychédélique et démontre la maîtrise dont les Beatles et George Martin font désormais preuve en studio. Émancipés du devoir de reproduire sur scène leurs compositions, ils peuvent laisser libre cours à leur imagination et à leur ingéniosité. « Strawberry Fields », à l'origine une jolie ballade intitulée « It's Not Too Bad », est au final un collage qui demande des prouesses techniques et pas mal de chance à George Martin et son ingénieur du son Geoff Emerick. « Strawberry Fields Forever » est aussi célèbre pour la fameuse légende selon laquelle on entendrait à la fin du morceau John Lennon affirmer « J'ai enterré Paul » (*« I buried Paul »*) alors qu'il assure qu'il fallait entendre *« Cranberry sauce »*.

Une version française de « Strawberry Fields Forever », rebaptisée « Il est plus facile », fut enregistrée en 1967 par F.R. David, alias Robert Fitoussi.

THE GRAMOPHONE CO.LTD. ALL RIGHTS OF THE MANUFACTURER AND OF THE OWNER OF THE RECORDED WORK RESERVED · UNAUTHORISED PUBLIC PERFORMANCE BROADCASTING AND COPYING OF THIS RECORD PROHIBITED
TRADE MARK
PARLOPHONE
45 R.P.M.
NORTHERN SONGS, NCB
7XCE 18415
R 5570
SOLD IN U.K. SUBJECT TO RESALE PRICE CONDITIONS, SEE PRICE LISTS
℗ 1967
STRAWBERRY FIELDS FOREVER
(Lennon—McCartney)
THE BEATLES
MADE IN GT. BRITAIN

JEFF BECK (1967)

Face A : « Hi Ho Silver Lining »
Face B : « Beck's Bolero »

Voilà une face B qui a incontestablement changé la face du rock. Jeff Beck est le guitariste des Yardbirds lorsqu'il décide de réunir une bande de copains pour enregistrer des titres de sa composition. Une séance de studio est réservée fin 1966, qui réunit la star des guitaristes de studio, Jimmy Page, le pianiste de session Nicky Hopkins et le batteur des Who, Keith Moon. Le bassiste des Who, John Entwistle, contacté, s'est finalement desisté, laissant la place à un autre requin de studio, John-Paul Jones. Pour Entwistle, l'idée de créer un super-groupe avec tous ces musiciens hors pair est destinée à s'abîmer « comme un dirigeable en plomb » (*« lead zeppelin »*). Même si cette session restera sans lendemain, elle est sans doute à l'origine du groupe qui prendra ce nom deux ans plus tard, après que Jimmy Page aura remplacé Jeff Beck au sein des Yardbirds.
En attendant, tout ce beau monde enregistre un instrumental échevelé, copié sur le *Boléro* de Ravel, saturé de longues plaintes à la *slide* de Jeff Beck qui, dit-on, inspireront Jimi Hendrix. Après un début de morceau plutôt calme, ponctué par la douze cordes de Jimmy Page, Keith Moon met le feu aux poudres d'un cri rageur et s'ensuit un morceau survolté, souvent considéré comme le premier moment de ce qui va devenir le hard rock.
Bouclé en moins de trois heures, le titre sort finalement au printemps 1967 en face B de *Hi Ho Silver Lining*, le premier 45 tours du Jeff Beck Group. D'abord crédité à Jeff Beck, il sera finalement signé Jimmy Page dans les pressages ultérieurs à la suite d'une petite querelle sans conséquence entre les deux hommes.
« Beck's Bolero » a par la suite été repris par les Posies et le groupe de jazz Return to Forever.

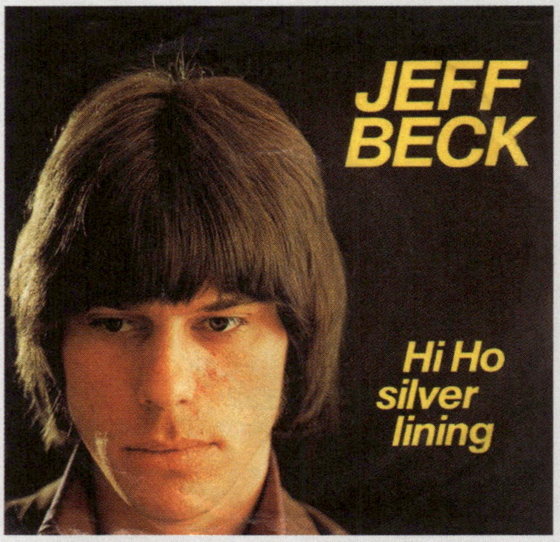

JACQUES DUTRONC (1967)

Face A : « Les playboys » Face B : « La fille du père Noël »

Si elle ne figure pas au tout premier rang des réussites du tandem Jacques Dutronc/ Jacques Lanzmann, puisqu'on la retrouve initialement planquée en 4e position du mythique EP *Les Playboys*, « La fille du père Noël » s'est imposée avec le temps comme l'un des indémodables classiques du dandy de la chanson française, grâce à ses paroles irrévérencieuses et à son riff implacable.

Dix ans après sa sortie, le titre n'avait pas pris plus de rides que le père Noël et était remis au goût du jour par le groupe Bijou, dont la reprise rappelait en radio la modernité de Dutronc et de son pote Serge Gainsbourg, qui remontait sur scène grâce à la version des « Papillons noirs » des mêmes Bijou.

Le retour sur scène de Dutronc, une dizaine d'années plus tard, remettait encore en évidence la pertinence des vieux classiques des sixties et « La fille du père Noël », avec son beat martelé et terriblement efficace, s'avérait l'un des moments forts de son passage au Casino de Paris. C'était d'ailleurs l'un des deux singles extraits de l'album *Dutronc au Casino* en 1992.

La longévité du titre doit aussi à sa crédibilité rock'n'roll. En 1999, le chanteur belge Arno relevait la similitude entre la chanson de Dutronc et le « Jean Genie » de David Bowie pour enregistrer avec Beverly Jo Scott un medley des deux chansons intitulé « Jean Baltazaarrr ».

David Bowie s'est-il inspiré de Dutronc ? Les deux sont en fait allés chercher le riff vrombissant de leurs deux succès chez Bo Diddley, via les Yardbirds, et les experts notent qu'un titre des Sweet (« Blockbuster ») repose sur la même base sonique.

Plus récemment, certains se sont offusqués que « More Than Meets the Eye » de Yodelice emprunte à nouveau ce motif inépuisable dont on estimera qu'il appartient désormais au domaine public.

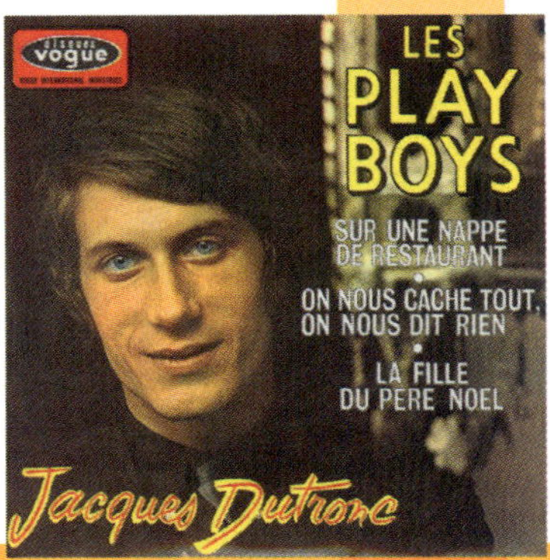

ROLLING STONES (1967)

Face A : « Let's Spend the Night Together »
Face B : « Ruby Tuesday »

Mick Jagger a toujours affirmé que « Ruby Tuesday » était l'une de ses chansons préférées des Rolling Stones, même s'il n'a contribué en rien à l'écriture d'un titre pourtant crédité à Jagger/Richards. D'ailleurs, cette ballade, l'une des plus réussies du répertoire des Stones, reste un passage obligé de leurs concerts.

« C'est juste une belle mélodie, en fait. Et de jolies paroles. Je n'ai écrit ni l'un ni l'autre, mais j'ai toujours aimé la chanter », expliquait le chanteur en 1995.

Pour l'essentiel, « Ruby Tuesday » est l'œuvre de Keith Richards, qui l'aurait écrite un soir de 1966 dans une chambre d'hôtel. Dans son autobiographie, *Life*, le guitariste soliste du groupe affirmait l'avoir composée pour Linda Keith, sa fiancée de l'époque, qui venait de le quitter et filait un mauvais coton. Le texte décrit une fille indépendante et insaisissable et, avec pudeur, l'amertume de la rupture. En dépit des affirmations de Richards, il semblerait que Brian Jones ait joué un rôle non négligeable dans l'écriture et le développement de cette chanson, à laquelle il apporte son éclectisme et ses arrangements « d'époque », jouant du piano, de la flûte et de la contrebasse.

Comme c'est souvent le cas dans les discographies rock – et pas seulement celle des Stones – la ballade se trouve en face B d'un titre plus enlevé, en l'occurrence « Let's Spend the Night Together », chanson qui avait en outre le mérite d'alimenter le côté sulfureux du groupe et fit scandale pour ses paroles sans équivoque.

Les deux titres figurent sur la version américaine de l'album *Between the Buttons*, mais pas sur son pressage anglais. Le single se plaça à la 1re place des meilleures ventes aux États-Unis en janvier 1967.

Parmi les nombreuses versions du titre, on note celles de Melanie Safka (1970) et de Rod Stewart (1993), qui se glissèrent l'une et l'autre dans les charts anglais.

En France, Richard Anthony proposa une adaptation française, « Fille sauvage », dès 1967, et Sylvie Vartan enregistra le titre pour son album *Nouvelle Vague* en 2007.

La chanson donna également son nom à une chaîne de restaurants aux États-Unis.

79 005
HIT PARADE
DECCA
ET'S SPEND
HE NIGHT TOGETHER
UBY TUESDAY
HE ROLLING
TONES

EP 6339

CBS

SIMON & GARFUNKEL

AT THE ZOO

THE 59th STREET BRIDGE SONG

FLOWERS NEVER BEND WITH THE RAINF

A SIMPLE DESULTORY PHILIPPIC

SIMON AND GARFUNKEL (1967)

Face A : « At the Zoo »
Face B : « The 59th Street Bridge Song »

« The 59th Street Bridge Song », plus connue sous son sous-titre de « Feelin' Groovy », est l'une des mélodies les plus entêtantes de Simon and Garfunkel, mais elle ne connut pourtant pas tout de suite l'honneur d'un single à sa gloire, puisqu'on ne la retrouve, en plus de l'album *Parsley, Sage, Rosemary and Thyme*, qu'en face B de *At the Zoo*, 45 tours produit par le duo en 1967. Du coup, elle ne fut pas un hit pour ses créateurs mais, cette même année 1967, pour le groupe vocal Harpers Bizarre, dont la reprise se classa 13e dans le Hot 100 du Billboard. Paul Simon n'avait pas souhaité la sortir en face A, estimant qu'elle n'était pas représentative : « Nous sommes un groupe de folk, nous ne sommes pas *groovy* ! » Souvent précurseur, Paul Simon est d'ailleurs le premier auteur à employer le mot « groove » dans un titre de chanson, quelque temps avant le « Groovin' » des Young Rascals et « A Groovy Kind of Love » des Mindbenders.

Le compositeur du duo expliqua qu'il avait écrit cette chanson en se promenant sur le pont de Queensboro au petit matin en appréciant le calme et la douceur avant le tumulte de la ville aux heures de pointe.

« Je rentrais chez moi vers six heures du matin par le pont de la 59e Rue à New York et c'était une très belle journée, vraiment *groovy*, une de ces matinées où vous savez que le sommeil ne va pas venir avant une heure ou deux, une sorte de temps suspendu. C'est là que j'ai commencé à écrire cette chanson. »

Connue pour son refrain et sa ligne mélodique ponctuée de « la la la », « The 59th Street Bridge Song » fut reprise en français par Nana Mouskouri dans une adaptation de Pierre Delanoë : « C'est bon la vie ».

La face A originelle, « At the Zoo », est un autre hommage à New York et au parc zoologique de Central Park, où les animaux, sous l'effet des substances prohibées prises par celui qui les regarde, prennent forme humaine. Le single se classa 16e au Billboard.

STRAWBERRY ALARM CLOCK (1967)

Face A : « Birdman of Alkatrash »
Face B : « Incense and Peppermints »

« Incense and Peppermints » est sans nul doute l'un des hymnes de « l'été de l'amour » 1967 et son titre évoque d'ailleurs deux des ingrédients essentiels à la vie quotidienne des hippies en cet été où ils conquirent les États-Unis… Pourtant, cette chanson ne faillit jamais voir le jour et suivit un parcours tumultueux avant de se hisser en tête des ventes aux États-Unis. Le groupe s'intitulait Thee Sixpence lorsque le titre fut enregistré sur la base d'un instrumental composé par deux de ses membres, l'organiste Mark Weitz et le guitariste Ed King. Leur producteur, Frank Slay, confia la bande à John Carter, chanteur du groupe The Rainy Daze, qu'il produisait également, pour qu'il y adjoigne un texte. Les paroles et la mélodie ne plurent guère aux membres du groupe, qui se risquèrent néanmoins à les chanter à tour de rôle, sans succès. Jusqu'à ce que Greg Munford, un ami venu dans le studio faire des chœurs, s'y colle à son tour et finisse par emporter la mise.

Initialement placé en face B de « Birdman of Alkatrash », le titre fut finalement choisi par les disc-jockeys californiens et eut un tel impact que le label Uni s'empressa de le ressortir avec « Incense and Peppermints » en face A. Entre-temps, le groupe avait changé son nom en Strawberry Alarm Clock, trois mots trouvés dans les charts du moment, dominés par « Strawberry Fields Forever » des Beatles. Mais faute de place sur la galette, la chanson fut créditée à John Carter et Tom Gilbert, un autre membre de Rainy Daze, évinçant Mark Weitz et Ed King, qui ne purent jamais faire valoir leurs droits. La chanson se glissa pourtant dès sa sortie nationale dans le Hot 100 du Billboard, y demeurant seize semaines, pour atteindre la 1re place le 25 novembre 1967. Si le groupe n'arriva jamais à confirmer ce premier numéro 1 d'un titre de rock psychédélique, certains de ses membres se recyclèrent avec succès. Ed King intégra Lynyrd Skynyrd tandis que le flûtiste Steve Bartek fondait Ongo Boingo avant de devenir un arrangeur très prisé à Hollywood.

SCOTT WALKER (1967)

Face A : « Jackie » Face B : « Amsterdam »

Pour être honnête, la première version studio d'« Amsterdam », le classique de Jacques Brel, est sans doute celle enregistrée en 1964, année de sa création, par Gilles Dominique, spécialisé à cette époque dans les reprises approximatives des grands succès du moment pour les disques Pergola. Cette version n'ayant pas obtenu l'ombre du début d'un succès, nous accorderons la paternité de la première « vraie » version studio d'« Amsterdam » à Scott Walker, qui fut sans doute le chanteur anglophone à avoir rendu les plus beaux hommages au poète chanteur belge. Et Brel, me direz-vous ? C'est bien là tout l'intérêt de cette face B. L'auteur d'« Amsterdam » n'aimait guère cette chanson et, malgré son succès auprès du public lors de ses concerts, il refusa de l'enregistrer en studio. La seule version de ce monument gravée par Brel lui-même fut donc enregistrée à l'Olympia en 1964. En français, personne – à part Gilles Dominique – ne se risqua à reprendre « Amsterdam » à l'exception de Jean-Claude Pascal, qui s'y colla en 1971. Mais entre-temps, l'aura de Brel s'était largement répandue outre-Manche et outre-Atlantique grâce à Rod McKuen et Mort Shuman, adaptateurs en anglais de ses plus grands succès. Et le premier chanteur à oser s'approprier ce répertoire fut Scott Walker, crooner à la voix grave et vedette des années 1960 en Angleterre au sein des Walker Brothers. Walker, de son vrai nom Scott Engel, enregistra une quinzaine de titres de Brel sur ses albums solo et notamment « Amsterdam », qui figure en face B de la version européenne de son premier 45 tours chez Philips, *Jackie* (autre chanson de Brel).

Scott Walker était l'idole d'un jeune chanteur anglais du nom de David Jones qui allait connaître le succès sous le pseudonyme de David Bowie. Et c'est ainsi que ce dernier, en hommage à son maître, enregistra également « Amsterdam », qui parut en face B de son single *Sorrow*, extrait de l'album *Pin Ups*.

Les musicologues notent avec justesse que le couplet d'« Amsterdam » est un plagiat presque note à note de la chanson traditionnelle anglaise « Greensleeves » avec un rythme dédoublé. Logique que les Anglais (même si Walker est américain !) l'aient adoptée.

DAVID MCWILLIAMS (1968)

Face A : « Harlem Lady » Face B : « Days of Pearly Spencer »

Nul n'est prophète en son pays et l'Irlandais David McWilliams, s'il eut un succès considérable en France, où son « Days of Pearly Spencer » fut numéro 1, n'obtint qu'un succès d'estime sur les îles Britanniques et dans son Ulster natal, où il finit par tenir un magasin de disques. Peut-être le tort de cet ancien joueur de football devenu une sorte de Donovan nord-irlandais fut-il d'avoir signé avec le label Major Minor du producteur Phil Solomon, qui était à l'origine de radios pirates comme Radio Caroline. Aussi vit-il ses productions ostensiblement boudées par la BBC. Pourtant, les deux premiers albums de David McWilliams, y compris celui dont est issu son tube international, se glissèrent dans les charts. Mais rien pour ce single désormais culte, sans doute parce que la face A choisie à l'origine, « Harlem Lady », n'était pas à la hauteur de sa face B.

En France, c'est Gérard Klein, sur RTL, qui eut la bonne idée de retourner le microsillon pour découvrir cette pépite de pop psychédélique formidablement orchestrée par l'arrangeur et producteur Mike Leander et dont le refrain – comme celui de « Winchester Cathedral » du New Vaudeville Band – est chanté via un mégaphone, d'où son côté nasillard du meilleur aloi.

La chanson évoque, à en croire son auteur, un SDF de la ville de Ballymena, dont McWilliams est originaire.

Le troubadour à la douze cordes ne toucha jamais vraiment les fruits de son immense succès sur le continent, où « Days of Pearly Spencer » s'écoula à plus d'un million d'exemplaires, mais une compilation de ses meilleures chansons sortit en 1992 à l'occasion de la reprise du titre par Marc Almond, qui se classa 4ᵉ dans les charts britanniques. Entre-temps, le morceau avait été interprété en italien par Caterina Caselli sous le titre de « Il Volto Della Vita », en espagnol par Ana Belén (« Vuelo blanco de gaviota » en 1979) et en français par Frank Alamo, pour une adaptation baptisée « Je connais une chanson ».

MICHEL POLNAREFF (1968)

Face A : « Le bal des Laze »
Face B : « Y a qu'un ch'veu »

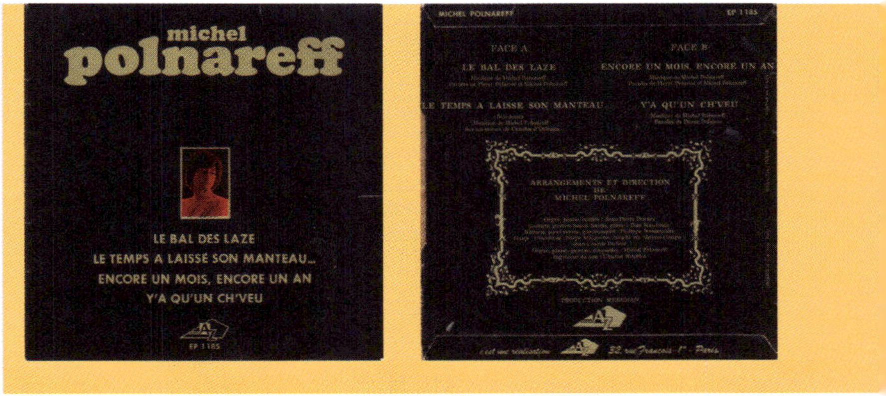

Il fallait bien dans cet ouvrage un contre-exemple, celui d'une face B qui éclipse indûment une face A bien supérieure, mais préférée par les radios et le public pour de mauvaises raisons. Le temps a bien sûr donné raison au « Bal des Laze », largement considérée comme la plus grande chanson de Michel Polnareff et certainement l'un des tout meilleurs textes du prolifique et inégalé Pierre Delanoë. Mais en cette année 1968 où les mœurs sont chambardées, un sujet reste tabou : la mort. Et un morceau d'une noirceur inouïe, d'une ambiguïté totale, débutant par ces mots : « Je serai pendu demain matin », n'avait aucune chance d'échapper à la censure implicite des radios et des télévisions. « Le bal des Laze » est pourtant l'un des rares moments de la chanson française où elle se hisse musicalement au niveau des chefs-d'œuvre de la pop anglo-saxonne, mais c'est « Y a qu'un ch'veu » qui devient le tube de 1968, dansé frénétiquement par un jeune public qui prend ce titre pour ce qu'il est, un grand moment de déconnade assez délirant.

Longtemps, Michel Polnareff, furieux de cette imposture, a publiquement exprimé tout le mépris qu'il avait pour cette chanson, également co-écrite avec Pierre Delanoë.

« Sur la longueur, "Le Bal des Laze" a gagné, mais maintenant ça m'amuse de chanter "Y a qu'un ch'veu" sur scène. Mais ce n'est quand même pas une grande fresque », expliquait-il, plus indulgent, à son retour sur scène en 2002, où il reprenait les deux faces du 45 tours.

DIONNE WARWICK (1968)

Face A : « Who Is Gonna Love Me ? »
Face B : « Always Something There to Remind Me »

En 1963, Dionne Warwick enregistre une maquette pour un titre de ses auteurs et compositeurs fétiches, Hal David et Burt Bacharach : « Always Something There to Remind Me ». Et pourtant ce titre, l'un des plus fameux du tandem, ne figurera sur un album de la chanteuse que quatre ans plus tard, pour le LP *The Windows of the World*. Dans la foulée, Dionne Warwick place cette rare composition de Bacharach/David qu'elle n'a pas encore popularisée en face B du single *Who Is Gonna Love Me ?* et sa version se classe 65e dans le classement des meilleures ventes aux États-Unis.

C'est qu'entre-temps, « Always Something There to Remind Me » a largement vécu sa vie. Une première version du chanteur de gospel Lou Johnson, autre protégé de Bacharach et David, s'est glissée dans le Top 50 américain à l'été 1964. Cette interprétation est alors repérée par Eve Taylor, venue de Londres aux États-Unis pour dénicher des titres pour sa protégée, Sandie Shaw. Aussitôt enregistrée et diffusée dans l'émission de télévision en vogue *Ready Steady Go*, la reprise de la chanteuse anglaise aux pieds nus se hisse en trois semaines en tête des charts britanniques et lance la carrière de la jeune femme. La future lauréate du concours de l'Eurovision la presse alors dans des versions française et allemande mais, dans l'Hexagone, c'est la version d'Eddy Mitchell (« Toujours un coin qui me rappelle ») qui remporte les suffrages en atteignant la 2e place des hit-parades sur des paroles signées Ralph Bernet.

Ce classique de Burt Bacharach et Hal David est loin d'avoir fini son parcours. En 1970, il se classe pour la première fois dans le Top 30 américain dans une version soul de R.B. Greaves. Puis en 1984, vingt ans après sa première sortie, « Always Something There to Remind Me » atteint enfin le Top 10 aux États-Unis grâce au groupe de new wave britannique Naked Eyes.

THE BEATLES (1969)

Face A : « Get Back »
Face B : « Don't Let Me Down »

Une face Lennon, une face McCartney. Le single *Get back/Don't Let Me Down* sorti en avril 1969 devrait satisfaire tout le monde. Et c'est en partie le cas. L'enregistrement, un mois et demi plus tôt, s'est bien passé, en dépit des tensions qui ne cessent de ronger le plus grand groupe de tous les temps. Les Beatles ont décidé de revenir à la passion brute de leurs débuts en enregistrant des morceaux « live » dans le studio pour un projet d'album qui va devenir *Let It Be*. Finies pour l'heure les expérimentations en tout genre. Retour aux sources. Et Yoko Ono, la nouvelle compagne de John Lennon, adepte du minimalisme et de la simplicité, n'est peut-être pas étrangère à cette démarche.

Reste que la session se passe bien, que les deux titres sont rapidement mis en boîte et que la présence du jeune pianiste surdoué Billy Preston a semble-t-il donné du liant à l'ensemble. Deux jours plus tard, sur le toit de l'immeuble d'Apple Records au 3 Savile Row, les quatre garçons, effectivement dans le vent de la fin janvier, joueront à deux reprises « Don't Let Me Down ». Ce titre, John l'a écrit pour Yoko, terrorisé après avoir enfin trouvé l'âme sœur, de la voir partir. « Ne me laisse pas tomber. » Pour ne prendre aucun risque, il épouse Yoko un mois plus tard. Abandonnée, c'est la chanson qui va l'être, puisqu'elle n'est pas retenue par le producteur Phil Spector quand il reprend en main l'album *Let It Be* un an après cet enregistrement. Les fans devront donc se contenter de la retrouver sur la face B de ce single, même si la chanson reste un classique des Beatles, présente sur notamment sur *The Beatles 1967-70*, la fameuse compilation « bleue » regroupant les titres de leur fin de carrière.

Parmi les très nombreuses reprises, on note celles d'Annie Lennox, Julian Lennon, Paul Weller, Bad Company ou Garbage, qui l'interpréta lors du concert d'investiture du premier Parlement écossais à Édimbourg en 1999.

FRANÇOIS BÉRANGER (1969)

Face A : « Tranche de vie (début) »
Face B : « Tranche de vie (suite et fin) »

Si le principe des chansons découpées en deux parties, la première sur la face A, et la deuxième sur la face B d'un 45 tours, faisait déjà fureur depuis le début des années 1960 et les titres de danse des formations de rythm and blues (voir les Isley Brothers), jamais personne n'avait encore osé faire débuter une chanson sur une face et la faire s'achever sur l'autre. C'est que les quatre minutes de la « Tranche de vie » découpée par François Béranger en 1969 étaient trop longues pour tenir d'un seul côté et qu'il fallait donc retourner le disque pour en connaître la fin ! Cette liberté prise avec le format ressemble à ce libertaire éclos sur les microsillons dans la foulée de Mai 68. Fils de syndicaliste, lui-même ancien ouvrier chez Renault, Béranger va s'imposer rapidement comme le porte-parole des « anars » et écumer la France des fêtes de partis de gauche ou des MJC, vêtu de noir et bardé de textes revendicatifs et incisifs qui font souvent de l'ombre à un répertoire plus tendre et chaleureux. Accompagné à partir de 1973 du guitariste Jean-Pierre Alarcen, Béranger va électrifier le son de ses compositions dès cette époque et préfigurer des chanteurs comme Renaud. « Tranche de vie », avec son accompagnement simple au banjo, reste un classique du chanteur, avec son catalogue des censures et des contraintes qui rendent la vie impossible et poussent, forcément, à se rebeller. La pochette du 45 tours montre le chanteur tranché en deux, comme l'est au final le titre lui-même, où Béranger annonce, en fin de face A : « C'est pas fini ! »

CREEDENCE CLEARWATER REVIVAL (1969)

Face A : « Proud Mary »   Face B : « Born on the Bayou »

John Fogerty, le guitariste chanteur de Creedence, écrivit « Born on the Bayou » sans jamais avoir mis les pieds dans ces marais de Louisiane et en allant chercher les éléments de son inspiration dans une encyclopédie. Pur Californien, il créa ainsi ce que l'on appela par la suite le *swamp rock* (« rock du marais ») par la seule force de son imagination. Cherchant à écrire une chanson sur une enfance fantasmée, il ajouta ce décor en toute fin de composition et parsema le texte d'expressions tirées du vocabulaire du Sud profond. Fogerty finit tout de même par visiter un bayou en cette année 1969 lorsque son groupe joua en Louisiane. Musicalement, le morceau avait vu le jour lors d'une improvisation lancée lors de la balance du groupe avant un festival à San Francisco, leur ville d'origine, en 1968.

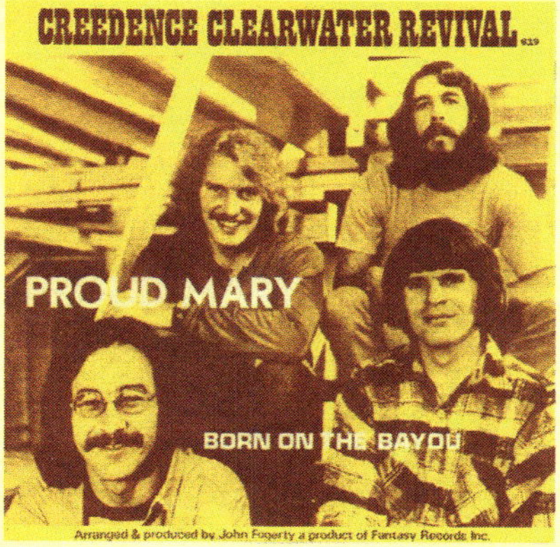

John Fogerty estime depuis qu'il s'agit de sa chanson préférée de Creedence Clearwater Revival, qui ouvrit la plupart de ses concerts avec ce titre et notamment à Woodstock cette même année. Il ne parut pourtant à l'origine qu'en face B du 45 tours dont le morceau phare était « Proud Mary », sans doute le plus connu du groupe. L'ensemble se classa numéro 2 des ventes aux États-Unis pendant l'hiver 1969.

Parmi les reprises les plus connues du titre figurent celles de Little Richard et des Foo Fighters, tandis que Roger Daltrey, le chanteur des Who, l'inclut dans son répertoire solo.

En France, le titre de John Fogerty eut droit à deux versions, une adaptation de Jean Fauque pour Johnny Hallyday en 1996 (« Dans le bayou ») et une interprétation de Francis Cabrel en 2008 sur son album *Des roses et des orties* (« Né dans le bayou »).

JOE DASSIN (1969)

Face A : « Le chemin de papa »
Face B : « Les Champs-Élysées »

En 1969, Joe Dassin est au sommet de sa gloire, et le tandem qu'il forme avec Pierre Delanoë fonctionne à plein régime. Tous les deux empruntent ce « Chemin de papa » qui devient un grand succès, sans oublier de passer par les Champs-Élysées pour ce qui va devenir la chanson la plus célèbre du fils de Jules Dassin avec « L'été indien ». Pierre Delanoë et Joe Dassin sont pourtant allés chercher un titre obscur d'un groupe psychédélique anglais de deuxième division, Jason Crest. Intitulé « Waterloo Road », le morceau est déjà un hommage à une grande artère de Londres, que le parolier français va transposer logiquement à Paris et sur la plus belle avenue du monde. Et si la version originale en anglais était passée totalement inaperçue, ce n'est pas le cas de son adaptation, qui devient un succès planétaire traduite en allemand, où Joe Dassin lui-même se place en tête des ventes, en anglais (version de Peter Horton), italien, espagnol et japonais.

Ce succès doit beaucoup au côté mythique des Champs-Élysées, peut-être la plus célèbre de ces artères qui inspirent tant de belles chansons (« Les grands boulevards », « Penny Lane », « On Broadway »...), mais aussi aux choix toujours avisés de Joe Dassin en matière de reprises.

Ce succès tire les ventes de l'album *Le Chemin de papa*, qui s'écoule à plus de 800 000 exemplaires et reste le plus grand succès du chanteur, récompensé par le prix de l'Académie Charles-Cros.

« Les Champs-Élysées » fut par la suite reprise par Daniel Darc, Garou ou Frank Michael.

4281

CBS

LE CHEMIN DE PAPA

★★★★★★★★★★★★★★★★★

JOE DASSIN

★★★★★★★★★★★★★★★★★

LES CHAMPS-ELYSEES

série GEMINI

LÉO FERRÉ
(1969)

Face A : « La nuit »
Face B : « C'est extra »

« C'est extra » fut l'un des plus grands succès commerciaux de Léo Ferré, son retour en grâce auprès d'une nouvelle génération après un passage à vide qui fut celui de nombreux chanteurs français cueillis à froid par le rock. Ce titre, inspiré par le « Nights in White Satin » des Moody Blues et par une expression empruntée à sa nièce, va changer le mode d'expression de l'auteur, qui va épurer et moderniser son style, comme du compositeur, qui va bientôt entamer une collaboration avec un groupe de rock français, Zoo. Mais à l'origine, Ferré n'a pas osé sauter le pas et imposer ce titre atypique dans son répertoire d'alors. « C'est extra » ne sort pas immédiatement en 45 tours, mais bel et bien relégué en face 2 du 30 cm connu sous le nom de *L'Été 68*. Et lorsqu'un simple est tiré de l'album, en avril, c'est « La nuit » qui est mise en avant au détriment de cette ballade pourtant aussi entêtante qu'un titre des Moody Blues ou que le « Whiter Shade of Pale » de Procol Harum, paru deux ans plus tôt. Mais le succès du titre sur scène, de même que sur les ondes, oblige Barclay à changer d'avis et à ressortir le titre en face A. En bisbille avec sa maison de disques depuis qu'elle a censuré son titre « À une chanteuse morte » en 1967, Léo Ferré connaîtra la même mésaventure pour « Avec le temps », écartée par Barclay de son album suivant, *Amour, anarchie*. Finalement sortie en 45 tours, elle confirmera le succès de « C'est extra » pour devenir l'un des plus beaux classiques de la chanson française.

Barclay a ainsi « loupé » les deux plus grandes chansons de Ferré ! Ce sont des choses qui arrivent, comme cet ouvrage en atteste...

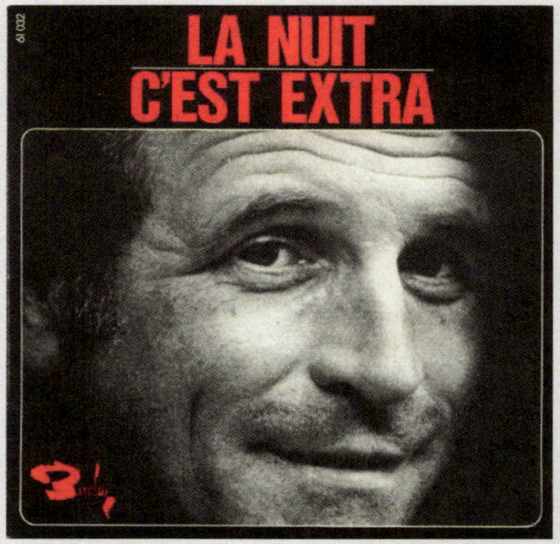

MICHEL POLNAREFF (1969)

Face A : « La michetonneuse »
Face B : « Dans la maison vide »

Pour Michel Polnareff, les années 1960 se terminent sur un de ses titres les plus ambitieux, « Dans la maison vide », sorte de pièce symphonique sous acide qui traduit bien son état d'esprit à l'époque. Depuis la mort de son manager Lucien Morisse, le chanteur le plus controversé de France a amorcé un vrai virage en travaillant avec Jean-Loup Dabadie et avec son nouvel imprésario, le comte Paul de Seneville, issu comme son prédécesseur de l'antenne d'Europe 1. Dabadie et de Seneville ont déjà offert à Polnareff le méga-tube « Tous les bateaux, tous les oiseaux » et ils récidivent avec ce titre à l'ambiance étrange et décalée qui colle avec l'époque et avec son interprète.

Comme pour le 45 tours précédent, Polnareff couple la chanson offerte par ses complices avec l'une de ses compositions, « La michetonneuse », écrite pour le film du même nom. S'il avait laissé Jean-Claude Vannier se charger des arrangements de « Tous les bateaux, tous les oiseaux », il a cette fois dirigé ceux de « Dans la maison vide », subtil alliage d'envolées symphoniques et de rythmiques rock. La direction d'orchestre est confiée à Bill Shepherd, vétéran de la scène britannique, surtout connu pour son travail avec les Bee Gees.

Même s'il ne l'a pas écrite, la chanson reflète assez l'isolement croissant de Polnareff, qui se retire de plus en plus dans sa bulle pour échapper aux agressions extérieures qui ne manquent pas depuis ses débuts et ses succès. En 1970, il explique dans l'émission de télévision *À bout portant* sa difficulté à affronter désormais le monde qui l'entoure : « Je suis comme ces fous d'asiles qui croient que les véritables fous sont enfermés à l'extérieur. »

Reste l'un des chefs-d'œuvre de la discographie de Michel Polnareff, qui continuera de fasciner bien des années après sa parution. C'est ainsi que le titre sera interprété par un autre chanteur dit « androgyne », Nilda Fernandez, puis par Florent Pagny ou J. P. Nataf et Jeanne Cherhal, avant de devenir l'une des reprises préférées des candidats aux télé-crochets comme *Star Academy* ou *The Voice*.

Honky Tonk Women

79 063
Hit Parade

THE ROLLING STONES

ROLLING STONES (1969)

Face A : « Honky Tonk Women »
Face B : « You Can't Always Get What You Want »

Parue en face B de « Honky Tonk Women » en juillet 1969, « You Can't Always Get What You Want » est devenue l'une des chansons les plus populaires des Rolling Stones en raison de son refrain contagieux et de son final grandiose, ponctué de chœurs de plus en plus effrénés. Le titre est aussi considéré comme l'un de ceux illustrant le mieux le désenchantement de la fin des années 1960 et ce constat que l'amour, la politique et la drogue pouvaient conduire à des voies sans issue. « "You Can't Always Get What You Want" est au départ un truc que je jouais à la guitare, une de ces chansons qu'on joue dans sa chambre, expliqua Mick Jagger. C'est une bonne chanson, je dois l'avouer. Elle a un refrain facile à retenir, et les gens peuvent s'y retrouver : personne n'obtient tout ce qu'il veut. La mélodie est très bonne et les arrangements orchestraux de Jack Nitzsche apportent de jolies touches. Bref, elle a tous les ingrédients. »
L'enregistrement ne fut pas, cependant, de tout repos, Charlie Watts ayant du mal à jouer la partie de batterie, qui fut finalement exécutée par le producteur du groupe, Jimmy Miller. Ce dernier est d'ailleurs souvent considéré comme le « Mr Jimmy » qui figure dans le troisième couplet du morceau et a alimenté de nombreuses légendes. Ce personnage avec lequel le chanteur fait la queue au « Chelsea Drugstore » pour sa ration de ce qu'il faut bien identifier comme de la drogue a souvent été assimilé à Jimi Hendrix. Un illustre inconnu du nom de Jimmy Hutmaker, résidant dans la ville d'Excelsior, dans le Minnesota, affirme pour sa part être le fameux Mr Jimmy. Jagger l'aurait rencontré dans un drugstore de la ville en quittant la scène d'un concert mouvementé. Il faudrait donc entendre Excelsior Drugstore au lieu de Chelsea Drugstore. Quoi qu'il en soit, le titre doit beaucoup aux chœurs, parfaitement identifiés, exécutés par les soixante choristes du London Bach Choir. Leurs voix furent doublées pour accentuer le côté grandiose du final.
Pour beaucoup, ce titre fut aussi un ultime hommage à Brian Jones, puisque le 45 tours dont il est la face B sortit le lendemain de sa mort. Les parties qu'il aurait dû enregistrer ont été confiées à Al Kooper.

SLY & THE FAMILY STONE (1969)

Face A : « Thank You »
Face B : « Everybody Is a Star »

« Everybody Is a Star », sortie en face B (ou double face A) de « Thank You » en décembre 1969, après la prestation remarquée de Sly & The Family Stone à Woodstock, marque la fin de la première période du groupe. Mélange hétéroclite de funk, de soul et de psychédélisme, pionnière du mélange des genres et des couleurs, la formation de Sly Stone allait rester plus d'un an et demi sans rien enregistrer après ce single, prélude d'un album qui ne vit jamais le jour. Les deux titres, qui se hissèrent ensemble au sommet des ventes en 1970, ne sont ainsi présents que sur les compilations du groupe.

Profession de foi assurant à chacun qu'il est une star, ce titre optimiste et flamboyant cédera bientôt la place à une musique plus résolument funk et grave sur l'album *Family Affair*, tandis que la naïveté des Sixties cède le pas à l'engagement des années 1970.

Le titre a été repris par les Jackson Five, Madonna, Gwen Stefani et Fishbone, tandis que les Roots le samplèrent pour leur single *Star*, publié en 2004.

STEAM (1969)

Face A : « It's the Magic in Your Girl »
Face B : « Na na, hey hey, Kiss Him Goodbye »

« Na na, hey hey, Kiss Him Goodbye » fait partie de ces rengaines que tout le monde connaît, mais dont personne ne se rappelle le titre ni l'interprète. Et pour cause… Le groupe Steam, crédité de ce grand succès de la fin 1969, n'eut qu'une existence éphémère et opportuniste, liée à ce tube inattendu. Plusieurs versions de la genèse de ce titre circulent, mais il s'agirait d'un morceau resté dans les tiroirs de Paul Leka, Gary DeCarlo et Dale Frashuer lorsqu'ils évoluaient sous le nom de Chateaux au milieu des années 1960. Pressé de trouver une face B pour un 45 tours en son nom propre, DeCarlo aurait exhumé cette chanson, y ajoutant le refrain qui fit sa fortune : *« Na na na, hey hey, goodbye. »* L'idée, apparemment, était d'en faire un morceau si mauvais qu'aucun risque n'existerait de le confondre avec la face A… Le label Mercury en décida tout autrement et choisit de sortir le titre sous le nom de circonstance de Steam. En tête des charts américains en décembre 1969, cette chanson fut ainsi le dernier numéro 1 des années 1960.

« Na na, hey hey, Kiss Him Goodbye » devint presque instantanément un des morceaux favoris des supporters sportifs du monde entier. D'abord utilisé par l'équipe de basket de l'université du Minnesota, le thème a été repris par d'innombrables clubs, notamment pour dire adieu aux espoirs de leurs adversaires. Les partisans de Barack Obama l'entonnèrent également lors du départ de la Maison-Blanche de son prédécesseur, George Bush.

La reprise la plus célèbre du titre est celle du groupe féminin Bananarama, numéro 5 en Angleterre en 1983.

En France, nous retrouvons l'inévitable Richard Anthony, qui publie en 1970 une version dont le texte est signé Boris Bergman.

STEVIE WONDER (1969)

Face A : « I Don't Know Why »
Face B : « My Cherie Amour »

Stevie Wonder a dix-neuf ans lorsque paraît ce qui est sans doute sa première grande ballade, « My Cherie Amour ». Le titre, devenu un de ses classiques, préfigure harmoniquement ses autres grandes chansons d'amour comme « You Are the Sunshine of My Life » ou « Isn't She Lovely ? » Et il a beau être signé en collaboration avec Hank Cosby et Sylvia Moy, qui le suivent depuis « Uptight » en 1965, sa mélodie porte la marque Stevie Wonder. Composée en l'honneur de Martha, sa fiancée, alors qu'il fréquentait une institution pour aveugles de Lansing, Michigan, la chanson fut rebaptisée « My Cherie Amour » après leur rupture. Enregistré fin 1967, le disque ne sortira qu'un an plus tard parce que Stevie Wonder se débat avec des problèmes vocaux. Déjà, quelques années auparavant, le patron de la Motown, Berry Gordy, a songé à se débarrasser de lui après sa mue et les relations entre les deux hommes vont toujours rester à la fois tendres et fermes. C'est d'ailleurs Sylvia Moy qui a convaincu le boss de garder l'ex-enfant star. Aphone, Stevie enregistre en 1968 un album d'instrumentaux à l'harmonica pour patienter avant que ne sorte enfin ce 45 tours, où « My Cherie Amour » est cantonnée en face B de « I Don't Know Why (I Love You) ». Trois mois plus tard, les programmateurs ont fait leur choix et retourné le vinyle. Et la chanson grimpe au 4e rang des charts des deux côtés de l'Atlantique.

« My Cherie Amour » est un titre charnière dans la carrière de Stevie Wonder. Un an après sa sortie, il épouse Syreeta Wright et, à vingt et un ans, devenu majeur, il laisse son contrat avec Tamla Motown expirer. Il va le renégocier avec Berry Gordy. À ses conditions.

« My Cherie Amour » sera reprise par plusieurs protégés de la Motown. C'est ainsi la première chanson des Jackson Five chantée par Jermaine Jackson et elle fut également au répertoire des Miracles.

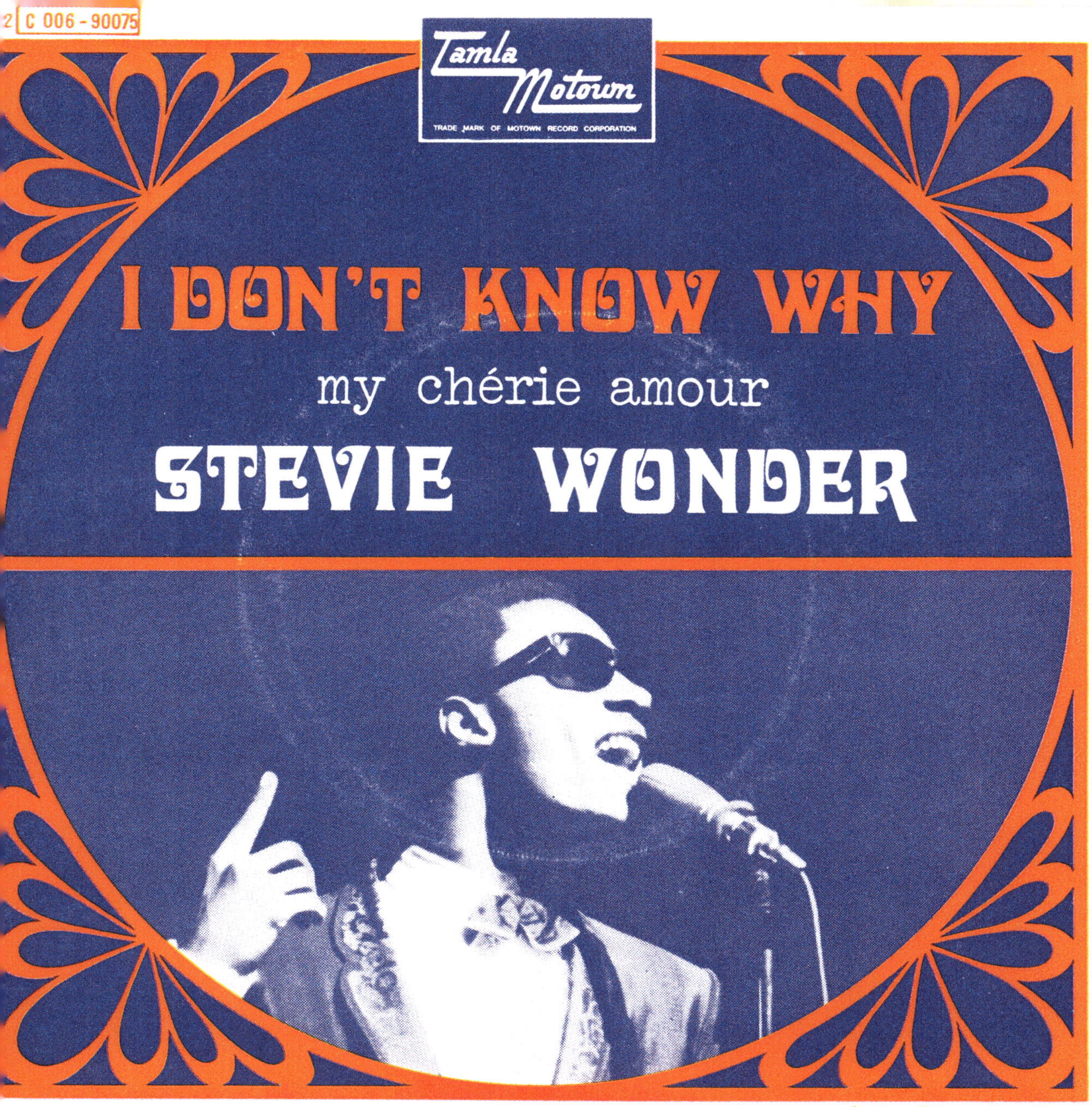

photo Christian Rose

NEIL YOUNG (1969)

Face A : « The Loner »
Face B : « Sugar Mountain »

Pour les inconditionnels de Neil Young qui suivent l'increvable rock star depuis toujours ou presque, « Sugar Mountain » fait partie du patrimoine. C'est en effet une des premières chansons écrites par le baladin canadien et comme elle évoque l'enfance perdue qu'on ne retrouve jamais, elle ne court aucun risque de passer de mode. Young l'écrivit en 1964, à l'âge de dix-neuf ans, alors qu'il venait de quitter son premier groupe, les Squires, formés dans sa ville de Winnipeg. Une page se tournait et le jeune homme ressentit le besoin de coucher ce moment sur le papier et sur sa Martin. Devenue un des passages obligés de ses prestations scéniques, elle fut également une inébranlable face B, puisqu'on la retrouve au dos de pas moins de cinq 45 tours sortis entre 1969 – où elle figure sur le premier single de Neil Young en solo, *The Loner* – et 1977. Cette année-là, elle se retrouve enfin sur un album, la compilation *Decade*, retraçant comme son nom l'indique dix ans de la carrière du chanteur. Elle obtient même alors les honneurs d'une face A, avec au verso une autre chanson culte abonnée aux faces cachées, « The Needle and the Damage Done », le classique de l'auteur sur les ravages de l'héroïne.

Neil Young expliqua souvent qu'il avait un peu honte de cette chanson dont il estimait que le texte n'était pas vraiment abouti, mais qu'il se sentait obligé de la chanter puisque ses fans la lui réclamaient et qu'elle accompagnait leur parcours en commun depuis si longtemps.

Touchée par cette ballade sur le passage à l'âge adulte et la difficulté de mûrir, Joni Mitchell, que Neil Young fréquentait après la rupture des Squires, lui répondit par une chanson sur le même thème, « The Circle Game ».

THE BAND (1970)

Face A : « Up on Cripple Creek »
Face B : « The Night They Drove Old Dixie Down »

« The Night They Drove Old Dixie Down » est sans doute la plus belle chanson écrite sur la guerre de Sécession et sonne tellement « vrai » que beaucoup la tiennent pour un air traditionnel. Pourtant, cet hymne au Sud disparu et à l'absurdité de ce conflit entre Américains est l'œuvre d'un Canadien mi-juif mi-indien : Robbie Robertson. Le guitariste du Band, ce groupe qui réinventa la musique traditionnelle américaine en son nom propre ou derrière Bob Dylan, avait cette mélodie en tête lorsqu'il entendit prononcer cette phrase : « Un jour, le vieux Sud renaîtra. » Cette affirmation, peut-être proférée par le père de Levon Helm, qui chante le titre sur l'album *The Band*, lui donna envie de faire des recherches et d'écrire une chanson sur la guerre de Sécession. Levon Helm l'aida dans sa quête en lui demandant de rendre justice au chef des vaincus, le général Lee. Robertson conte l'histoire d'un pauvre soldat défendant une ligne de chemin de fer vitale pour les Sudistes contre les assauts des Nordistes.

Face B du 45 tours *Up on Cripple Creek*, la chanson devint l'un des classiques du groupe avec « The Weight », autre titre de Robbie Robertson, et se voit fréquemment citée parmi les titres majeurs de la musique américaine. Sa reprise la plus célèbre fut celle exécutée par Joan Baez en 1971, qui se hissa au 3e rang des ventes du Billboard et fut également un succès au Royaume-Uni. Johnny Cash et les Allman Brothers s'en emparèrent également.

Si une étrange version allemande de Juliane Werding fut numéro 1 dans son pays en 1972, il n'existe pas, à notre connaissance, de version française.

STEREO
THE doors
elektra
EKS 45685
YOU MAKE ME REAL
ROAD HOUS
BLUES

THE DOORS
(1970)

Face A :
« You Make Me Real »
Face B :
« Roadhouse Blues »

« Roadhouse Blues » était certainement le meilleur morceau de scène des Doors, avec lequel ils lançaient leurs concerts et établissaient ce contact unique avec leur public. La version live figurant sur l'album *An American Prayer*, sorti après la mort de Jim Morrison, est d'ailleurs souvent citée comme l'un des meilleurs enregistrements en public de l'histoire du rock. La version studio, qui ouvre l'album *Morrison Hotel*, n'eut droit en revanche qu'à la face B du single *You Make Me Real*, sorti en février 1970. Le titre fut alors enregistré en deux jours en novembre 1969, Paul A. Rothchild, l'exigeant producteur du label Elektra, ne parvenant pas à obtenir du groupe et d'un Jim Morrison pour le moins imbibé tout ce qu'il attendait d'eux. C'est ainsi qu'il fut fait appel au guitariste maison Lonnie Mack, qui officia à la basse, mais piqua également la plupart des parties de Robby Krieger. C'est aussi un des rares morceaux des Doors enregistré avec un bassiste, Ray Manzarek effectuant habituellement les parties de basse avec les pédales de son Wurlitzer. Dans ce morceau, il est au piano, sur le même instrument utilisé par les Beach Boys dans « Good Vibrations ». Parmi les autres musiciens présents à cette session, on retrouve John Sebastian, le chanteur des Lovin Spoonful, à l'harmonica. Devenue un des blues les plus connus du répertoire rock, « Roadhouse Blues » inspira de nombreuses reprises, souvent avec Robby Krieger en invité surprise. C'est ainsi que Status Quo, Blue Öyster Cult, Jeff Healey et Eric Burdon s'approprièrent ce support idéal pour la scène.

GEORGE HARRISON (1970)

Face A : « My Sweet Lord »
Face B : « Isn't It a Pity ? »

Même s'il ne s'en plaignit jamais vraiment, George Harrison resta jusqu'à la rupture des Beatles en avril 1970 la cinquième roue du carrosse en matière de composition. Et c'est ainsi que « Isn't It a Pity ? », que beaucoup considèrent comme sa plus belle chanson, fut rejetée à plusieurs reprises par le groupe au cours des ans. Ainsi, pour ceux qui voulurent y voir une référence directe à la séparation du plus célèbre quatuor au monde, le titre fut en fait composé à l'époque de l'album *Revolver* et avait failli être inclus dans *Sergent Pepper's* en 1967. Cette ballade simple et envoûtante sur la fin de l'amour devait être le single issu du premier album solo de George Harrison, *All Things Must Pass*, mais il n'eut même pas l'honneur de la face A, le producteur de l'album, Phil Spector, estimant – peut-être à juste titre – que « My Sweet Lord » était un morceau plus immédiatement accessible que cette mélodie mélancolique de plus de sept minutes.

Le 45 tours sortit néanmoins en double face A dans de nombreux pays et les deux titres se portèrent au sommet du classement du Billboard. Au Canada c'est même « Isn't It a Pity ? » qui obtint, seul, l'honneur d'être numéro 1.

Deux versions ont été enregistrées, celle du single, saturée des arrangements somptueux qui portent la marque de Phil Spector, et celle de l'album, beaucoup plus dépouillée.

C'est en tout cas un des titres de l'histoire du rock qui comporte la plus grande pléiade de stars. On retrouve ainsi aux guitares Harrison, Eric Clapton et les membres du groupe Badfinger. Trois hommes sont au piano, Tony Ashton, Gary Wright, le clavier de Procol Harum, et peut-être Maurice Gibb des Bee Gees. Sans oublier Billy Preston à l'orgue, Klaus Voorman à la basse et Ringo Starr à la batterie.

Parmi les nombreuses reprises du titre, celle de Nina Simone est sans doute la plus marquante, et la préférée de son auteur.

LED ZEPPELIN (1970)

Face A : « Immigrant Song »
Face B : « Hey Hey What Can I Do ? »

Le règne de Led Zeppelin comme le groupe le plus populaire au monde coïncida avec l'avènement de l'album au détriment du 45 tours, souvent devenu un simple outil promotionnel au profit du LP. C'est pourquoi toutes les chansons du quatuor se retrouvent sur leurs albums, à l'exception d'une et d'une seule : « Hey Hey What Can I Do ? » Inutile de dire que ce titre, paru en face B d'« Immigrant Song », le morceau d'ouverture de leur troisième opus, fut âprement recherché par les inconditionnels de la formation de Jimmy Page et Robert Plant. On le retrouva cependant en 1972 sur une compilation promotionnelle du label Atlantic, *The New Age of Atlantic*, mais il fallut attendre 1990 et la sortie du coffret de quatre disques retraçant la carrière du groupe pour voir cette chanson culte paraître enfin en CD. Deux ans plus tard, pour satisfaire l'appétit des fans, une réédition en CD du 45 tours « collector » fut effectuée, reproduisant le microsillon d'origine à l'identique. Par la suite, « Hey Hey What Can I Do ? » fut régulièrement incluse dans les rétrospectives de Led Zeppelin.

Le journaliste Chris Welch, qui a passé en revue toutes les chansons de Led Zep dans un ouvrage, note que le morceau se termine un peu en eau de boudin et suggère que ce n'était qu'une version de répétition, le titre n'ayant finalement pas été retenu pour *Led Zeppelin III*. Le manager de Led Zeppelin, Peter Grant, a confié pour sa part que le titre avait été enregistré dans le but d'en faire un single séparé, le groupe ayant peu apprécié la version abrégée de « Whole Lotta Love » parue en 45 tours lors de la sortie de *Led Zeppelin II*.

La chanson fut reprise, comme de nombreuses autres de leurs modèles, par le groupe parodique Dread Zeppelin et plus tard par les New-Yorkais de The Hold Steady et Hootie and The Blowfish dans un album hommage.

MICHEL POLNAREFF (1970)

Face A : « Gloria »
Face B : « Je suis un homme »

Après ses succès tonitruants du milieu des années 1960, Michel Polnareff dérange. Sa voix, son style, sa timidité qu'on prend pour de l'arrogance, son apparence ambiguë conduisent la rumeur populaire à trancher : Polnareff est homosexuel. Écorché vif, en proie à des problèmes sentimentaux et bientôt agressé lors d'un concert à Périgueux, le chanteur décide de réagir en chanson. Il cosigne avec Pierre Delanoë un titre en forme de manifeste, « Je suis un homme », où il revendique tous les attributs de la virilité. Sur une belle mélodie, le texte démange, dérange aussi.

« À l'époque, on était persuadé que j'étais homo, je me faisais traiter de "sale pédé" dans la rue. C'est pour cela que j'ai écrit "Je suis un homme". Je représentais peut-être quelque chose pour des mecs qui étaient homo sans le savoir et que cela dérangeait. Ça mériterait une étude psychanalytique… Ça fait chier de se faire traiter de pédé quand on ne l'est pas. Et de se faire taper dessus encore plus. J'ai expérimenté le *gay bashing* avant l'heure. Plus tard, j'ai eu aussi la réputation d'être homophobe ! J'ai un peu renoncé à comprendre », expliqua-t-il plus tard.

Dans cette chanson, Polnareff menace d'exhiber son anatomie sur les murs de Paris, et c'est ce qu'il fera deux ans plus tard pour la tournée *Polnarévolution*, où il s'affiche les fesses à l'air dans les rues de la capitale. Le chanteur, qui a figé son look – cheveux frisés, lunettes noires – cultive dès lors la provocation et la controverse. Il ne reviendra jamais à de plus consensuelles intentions.

À sa sortie, il n'asséna pas « Je suis un homme » comme un pamphlet jeté à la face de ses détracteurs puisque le titre est relégué, sans doute par peur du scandale, en face B de « Gloria » sur le 45 tours DiscAz numéro 10.592.

Mais bien sûr, c'est ce titre qui détonna et monopolisa les ondes.

CAT STEVENS (1970)

Face A : « Moon Shadow » **Face B : « Father and Son »**

Si elle sortit en face A de 45 tours dans la plupart des pays d'Europe continentale, « Father and Son » ne fut placée au Royaume-Uni qu'en face B de « Moon Shadow », avant-goût de l'album de Cat Stevens *Teaser and the Firecat*, paru quelques mois plus tard.

« Father and Son » figurait en effet dans l'album précédent, *Tea for the Tillerman*. Et s'il ne s'agissait pas forcément du plus grand tube de ce désormais classique – il fut éclipsé par « Wild World » par exemple – ce titre est l'un de ceux de Cat Stevens à avoir connu la postérité la plus durable. La longévité de ce dialogue entre un père et un fils pendant la Révolution russe tient à sa dimension universelle et intemporelle. Et son auteur fut souvent questionné sur son côté autobiographique : « Mon père tenait un restaurant et moi j'étais une pop star. Je ne suivais donc pas le chemin qu'il m'avait tracé. Mais il n'y avait certainement aucun antagonisme entre nous. Je l'aimais et il m'aimait. »

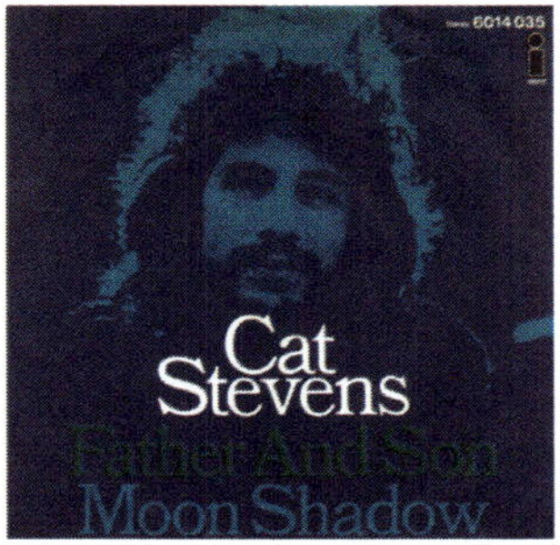

Converti à l'islam sous le nom de Yusuf Islam, Cat Stevens refusa en 2001 de voir cette chanson utilisée comme le thème central du film *Moulin Rouge*, dont le script heurtait ses convictions religieuses.

Les reprises de ce passage obligé des soirées guitare au coin du feu sont nombreuses. La première fut signée Sandie Shaw en 1972. Johnny Cash, qui l'enregistra avec sa belle-fille, suivit en 1974. Puis Rod Stewart ou le groupe Enemy s'en emparèrent à leur tour.

Mais c'est le « boys band » irlandais Boyzone qui en fit un véritable carton, avec une version qui se classa 2e des charts britanniques fin 1995 (11e en France). Neuf ans plus tard, le chanteur de Boyzone Ronan Keating reprit à nouveau le titre, en duo avec Cat Stevens lui-même, avec le même succès… La recette fut versée à une œuvre caritative.

Le groupe américain The Flaming Lips perdit de son côté un procès contre les éditeurs de « Father and Son », qui estimaient que la chanson « Fight Test » (2002) était un plagiat du titre.

En France existe une étrange version de Georges Guétary, adaptée par Vline Buggy : « On n'est jamais assez heureux ».

reprise
reprise:
DISTRIBUTED BY PYE RECORDS LTD · ALL RIGHTS OF THE MANUFACTURERS AND OWNER OF THE RECORDED WORK RESERVED · UNAUTHORISED PUBLIC PERFORMANCE, BROADCASTING AND COPYING PROHIBITED · MADE IN ENGLAND
45 RPM
RS.20906
℗ 1970
RS.20906-B
JONI
MITCHELL
WOODSTOCK (5.25)
(Joni Mitchell)
Arranged by Joni Mitchell
From the Reprise Album
RSLP 6376—Ladies of the Canyon
SIQUOMB PUBG.
© WARNER BROS · SEVEN ARTS RECORDS LIMITED
DISTRIBUTED BY PYE RECORDS (SALES) LIMITED

JONI MITCHELL (1970)

Face A : « Big Yellow Taxi »
Face B : « Woodstock »

La chanson la plus célèbre sur Woodstock fut écrite par une artiste qui ne s'y trouvait pas. Joni Mitchell devait à l'origine participer au festival, mais elle fut dans l'impossibilité de s'y rendre parce que son manager l'avait engagée dans un show télévisé au même moment et parce que James Taylor, qui devait l'emmener, avait eu un grave accident de moto. La chanteuse canadienne écrivit donc le texte de la chanson d'après les comptes rendus télévisés et sur la foi du témoignage de son compagnon de l'époque, Graham Nash. La chanson parut ainsi en face B du single *Big Yellow Taxi* (repris en français par Joe Dassin) puis sur son album *Ladies of the Canyon*. C'est la version de Crosby, Stills, Nash & Young, dont elle était très proche, ayant été la compagne de deux des membres du groupe, qui reste la plus connue. Elle se classa 11e des ventes aux États-Unis en 1970.

Au Royaume-Uni, la version du groupe Matthews Southern Comfort fit mieux encore, se hissant au sommet des charts britanniques en octobre de cette même année 1970. David Crosby estima dans une interview que Joni Mitchell avait su capter l'esprit de Woodstock mieux que ceux qui y avaient participé.

TEN YEARS AFTER (1970)

Face A : « Love Like a Man »
Face B : « Love Like a Man (Live) »

En France, le terme *single* – disque comportant un titre sur chaque face – est normalement traduit par « 45 tours », puisque c'est la vitesse par minute à laquelle ces enregistrements tournent le plus souvent. Mais cette appellation peut être mensongère. Par exemple dans le cas de *Love Like a Man*, le grand succès de Ten Years After avec le célèbre « I'm Going Home » qu'ils interprétèrent à Woodstock. Paru en 1970, ce single tourne en 45 tours sur la face A, enregistrée en studio et coupée après 3'05" tandis que la face B, une version en concert du même morceau, doit être jouée en 33 tours parce qu'elle dure plus de huit minutes. Nous étions à l'époque des soli de guitare interminables et le guitariste de TYA, Alvin Lee, était passé maître en la matière !
En dépit de la popularité du groupe, « Love Like a Man » fut leur seul morceau à se classer dans les charts britanniques, culminant à la 10e place en août 1970.

Aux États-Unis, Ten Years After n'eut qu'un seul titre classé par le Billboard, « I'd Love to Change the World », qui atteignit la 40e place en 1971. Leurs albums furent en revanche d'immenses succès des deux côtés de l'Atlantique. Et en 33 tours, bien sûr !
En France, « Love Like a Man » eut son heure de gloire puisque le riff qui sous-tend le morceau fut utilisé dans une publicité pour les artichauts bretons !

PHILIPPE CLAY (1971)

Face A : « Dis ma femme »   Face B : « Mes universités »

Révélé comme chanteur à textes dans les années 1950 alors qu'il se destinait à une carrière de comédien, Philippe Clay avait été balayé par la vague yé-yé, retournant à ses premières amours sur les planches et au cinéma. Mai 68 allait, paradoxalement, relancer sa carrière. Trois ans après « les événements », cet artiste inclassable interprétait ainsi un texte d'Henri Djian, « Mes universités », jugé à l'époque « réactionnaire », parce qu'en réaction à la mythologie créée autour de 68. Philippe Clay, né Philippe Matheret, y rappelait que sa jeunesse avait été passée dans la Résistance et non sur les barricades, à écouter le général de Gaulle à la radio plutôt que les Beatles. Ce retour de manivelle après la frénésie soixante-huitarde séduisit visiblement le public puisque Philippe Clay, qui n'avait placé ce titre qu'en face B de « Dis ma femme », chanson sur l'usure du couple, en écoula près d'un million !

« Un auteur est venu chez moi, que je ne connaissais pas, et on a parlé de Camus, qui m'avait dit que ses universités, c'était le stade et le théâtre d'Oran. On a politisé cette chanson. Dans mon esprit, ce n'était pas ça. C'était juste une autobiographie. Mais du jour où elle a été politisée, j'ai fait une vente terrible ! J'ai fait des émissions où l'on ne me voulait pas avant parce que j'étais un vieux jeton », confia Philippe Clay à Pierre Bouteiller.

Reste que plusieurs autres titres signés Henri Djian confirmèrent la tendance de celui qui allait bientôt s'engager ouvertement au RPR et le placèrent dans la mouvance d'un Michel Sardou, défenseur lui aussi d'une certaine idée de la France. Parallèlement, Philippe Clay chantera d'autres textes courageux contre l'antisémitisme (« C'est pas que je les aime pas, mais... ») et le fameux générique des *Brigades du Tigre*, également signé Henri Djian, avant de retourner à ses premières amours de comédien.

CHARLES AZNAVOUR (1971)

Face A : « Non, je n'ai rien oublié » Face B : « Mourir d'aimer »

En 1969, l'affaire Gabrielle Russier fait les gros titres de la presse française. Cette enseignante de trente-deux ans, amoureuse d'un élève de seize ans, a préféré se donner la mort plutôt que d'affronter le regard des autres et la réprobation générale. En cette fin des années 1960, Charles Aznavour est un chanteur de plus en plus engagé. « Les enfants de la guerre », « Emmenez-moi » et bientôt « Comme ils disent » révèlent un témoin affûté de son temps, de ses drames et de ses travers. Et la tragédie vécue par Gabrielle Russier ne pouvait laisser indifférent un homme qui a passé sa vie à chanter et à célébrer l'amour sous toutes ses formes. « J'ai écrit "Mourir d'aimer" car le suicide de Gabrielle Russier m'avait frappé », expliqua-t-il à sa sortie, en 1971, en face B d'un autre grand succès, *Non, je n'ai rien oublié*, titre de l'album dont les deux chansons sont issues.

« Quand j'ai écrit "Mourir d'aimer", j'ai dit en substance : je ne comprends pas qu'on emmerde cette pauvre jeune femme qui est amoureuse d'un garçon de seize ans et que quand un vieillard se promène brinquebalant avec une fille ravissante à son bras qui fait semblant d'être amoureuse, on ne dit rien », confiera-t-il encore plus tard à l'écrivain Nicolas Crousse.

En se saisissant de ce fait-divers, Aznavour démontre une fois de plus son œil, son oreille, sa capacité à saisir en trois minutes à peine tous les ressorts de l'âme humaine et des moments de crise.

La chanson précède de quelques mois le film d'André Cayatte, avec Annie Girardot dans le rôle de Gabrielle Russier, rebaptisée Danièle Guénot. Et contrairement à ce que l'on croit souvent, elle ne figure pas dans la bande-son de ce grand succès du box-office. Mais par souci de publicité, le 45 tours portera la mention « inspiré du film d'André Cayatte ».

Parmi les reprises du titre, on notera celle d'Isabelle Boulay, interprétée pour les quatre-vingts ans d'Aznavour. Une version anglaise, « To Die of Love », sera enregistrée par Aznavour lui-même, puis en duo avec Nana Mouskouri.

MOURIR D'AIMER **CHARLES AZNAVOUR**

(INSPIRE DU FILM D'ANDRE CAYATTE "MOURIR D'AIMER")

61.401 L

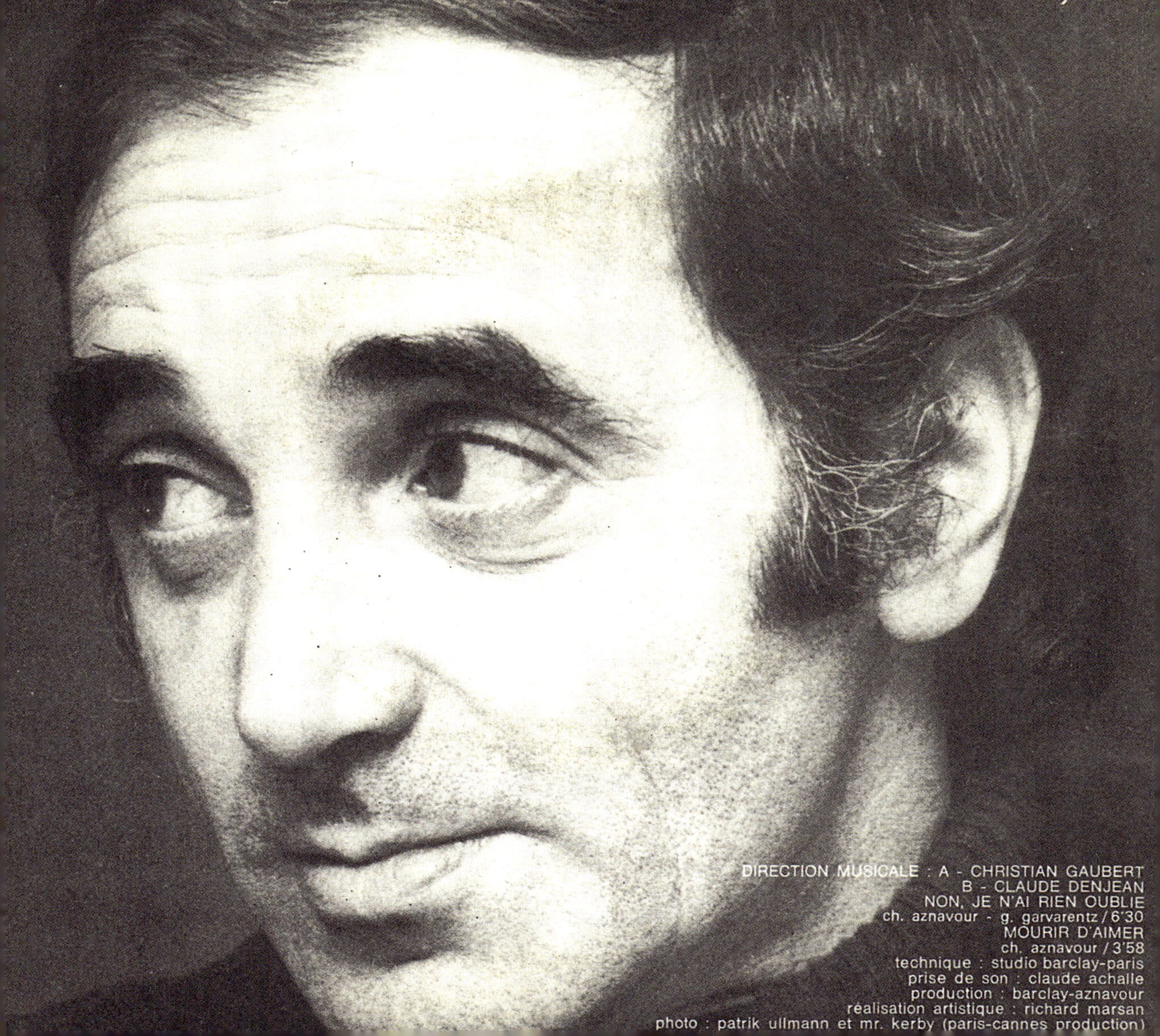

DIRECTION MUSICALE : A - CHRISTIAN GAUBERT
B - CLAUDE DENJEAN

NON, JE N'AI RIEN OUBLIE
ch. aznavour - g. garvarentz / 6'30

MOURIR D'AIMER
ch. aznavour / 3'58

technique : studio barclay-paris
prise de son : claude achalle
production : barclay-aznavour
réalisation artistique : richard marsan
photo : patrik ullmann et mr. kerby (paris-cannes production)

CREEDENCE CLEARWATER REVIVAL (1971)

Face A : « Have You Ever Seen the Rain ? » **Face B : « Hey Tonight »**

Pendant une brève période de trois ans, entre 1968 et 1971, Creedence Clearwater Revival va profiter de la lente désunion des Beatles et de l'évolution des Rolling Stones vers *Exile on Main Street* pour s'installer comme le premier groupe de rock mondial. Particulièrement inspiré, son leader, guitariste et chanteur, John Fogerty, va enchaîner les tubes selon une recette puisée dans un Sud US mythifié et épicée de riffs ravageurs. En outre, Fogerty est en phase avec son temps, cette guerre du Vietnam qui s'éternise, et ses textes sont à la hauteur de ses ambitions musicales. Il mène ses trois partenaires, dont son frère Tom, à la baguette, imposant ses titres, sa production, et rejouant même certaines des parties instrumentales qu'il trouve trop faibles.

Cette dictature va conduire le groupe à la rupture. Alors que Tom Fogerty décide de partir définitivement en cette année 1971, son frère accepte d'accorder une relative autonomie aux deux autres membres du groupe, le bassiste Stu Cook et le batteur Doug Clifford. Mais c'est dans une ambiance détestable que le groupe enregistre *Pendulum*, l'album dont est issu le single *Have You Ever Seen the Rain ?/Hey Tonight*. « "Have You Ever Seen the Rain ?" parlait de ça, de ce nuage noir qui s'installe alors que le soleil brillait. J'étais dans une période de grand stress et dans tout cela, j'ai quand même réussi à accoucher de "Hey Tonight" », expliqua John Fogerty au magazine *Uncut*.

C'est que le titre est sans doute le dernier grand moment du groupe, un sommet de simplicité, d'efficacité et de groove qui ouvre désormais tous les concerts de John Fogerty en solo. Les deux titres de ce 45 tours se hisseront au 8e rang des ventes aux États-Unis.

La suite sera moins glorieuse. L'ultime album de CCR, *Mardi Gras*, qui comporte des titres des trois membres restants, est éreinté par la critique, qui y voit le plus mauvais album jamais sorti par un groupe majeur. « Hey Tonight » fut un chant du cygne.

Le titre sera notamment repris par les Lords of the New Church et, en France, par Little Bob Story.

MICHEL DELPECH (1971)

Face A : « Le blé en herbe »
Face B : « Pour un flirt »

Lancé au milieu des années 1960 par la comédie musicale *Copains clopant*, qui lui permet de rencontrer son imprésario et compositeur Roland Vincent et d'écrire un premier succès, « Chez Laurette », Michel Delpech est au faîte de sa gloire lorsque débutent les années 1970 et qu'il enchaîne les tubes. Le plus fameux de ceux-là reste « Pour un flirt », pourtant sorti à l'origine en face B du « Blé en herbe ». Peut-être parce que le propos du chanteur de charme effarouche les bonnes âmes, même si l'heure de la libération sexuelle a sonné. Les « flirts » de Delpech vont loin, jusqu'à des petits tours « au petit jour entre tes draps ». Quelques années auparavant, Polnareff avait déjà fait scandale avec « Faire l'amour avec toi », mais Mai 68 est passé par là et « Pour un flirt » éclipse rapidement la face A théorique pour se propulser en tête des ventes et s'écouler à plus d'un million d'exemplaires. Au-delà des paroles, il y a ce « lala lala » repris en chœur qui fait de la chanson un indémodable du répertoire français.

Pour Michel Delpech, pourtant, ce formidable succès devient rapidement un boulet. Le voilà cantonné dans le rôle d'un jeune premier souriant et séducteur qui a du mal à imposer les autres facettes de son talent, lui qui a grandi à l'écoute des grands maîtres comme Aznavour ou Bécaud. « J'ai été très marqué par le succès de "Pour un flirt". J'ai été catalogué comme chanteur à tubes. Ce fut très pénible à vivre pour moi. J'avais envie de montrer autre chose », confiera-t-il plus tard à Thierry Ardisson.

Sa rupture avec Roland Vincent lui permettra d'élargir sa palette, mais à la fin des années 1970, une faille va s'ouvrir dans la carapace du beau chanteur de charme à rouflaquettes, et Michel Delpech mettra des années à se reconstruire avant de redevenir le grand chanteur populaire qu'il n'a jamais cessé d'être dans le cœur de ses fans.

JANIS JOPLIN
(1971)

Face A : « Cry Baby »
Face B : « Mercedes Benz »

« Mercedes Benz » est la dernière chanson enregistrée par Janis Joplin, le 1er octobre 1970. Trois jours plus tard, elle était morte. Face B du single *Cry Baby*, extrait de son album *Pearl*, le titre est entièrement a cappella et il est possible que des instruments auraient été ajoutés à cette version si elle avait vécu. Composée avec les poètes Michael McClure et Bob Neuwirth, « Mercedes Benz » est une attaque en règle contre la société consumériste, où la chanteuse implore Dieu de lui offrir une Mercedes Benz, une télévision couleur et une soirée en ville. L'idée de la Mercedes Benz lui serait venue de la voiture du chanteur de soul Bobby Womack, aussi colorée que sa propre Porsche.

Dans un magnifique contresens, la firme automobile utilisa la chanson pour un spot publicitaire, mais Janis Joplin n'était plus là pour s'y opposer. La chanteuse n'était cependant pas insensible au charme des voitures de sport puisqu'elle s'était offert une Porsche bariolée de couleurs pour en faire un véritable objet hippie. BMW utilisa également ce morceau pour fustiger ses concurrents.

Le titre est l'une des deux chansons signées par Janis Joplin sur son ultime album *Pearl*, avec « Move Over », l'une de ses plus belles réussites. La chanson fut remixée en 2003 avec une rythmique et des chœurs.

La face A, « Cry Baby », était une reprise du succès de Garnet Mimms and The Enchanters paru en 1963.

« Mercedes Benz » figure au répertoire scénique de nombreux artistes, dont Elton John, et a été repris par la chanteuse française Chimène Badi dans son album *Gospel and Soul* en 2012.

JANIS JOPLIN
Stereo
4-45379
ZSS 154684
1:45
45 RPM
MERCEDES BENZ
-J. Joplin - M. McClure-
From the Columbia Lp "PEARL" KC 30322
Produced by Paul Rothchild
COLUMBIA MARCAS REG PRINTED IN U.S.A

ROD STEWART (1971)

Face A : « Reason to Believe » **Face B : « Maggie May »**

En 1971, lorsqu'il enregistre son premier album solo, Rod Stewart est déjà l'un des chanteurs les plus respectés du Royaume-Uni. L'Écossais à la voix rauque, qui a choisi le rock plutôt que le football, a déjà marqué les esprits au sein de Steampacket, où il est l'une des icônes du mouvement Mod, puis du Jeff Beck Group. Alors que les années 1960 s'éloignent, il a rejoint les Small Faces, privées de leur chanteur et guitariste Steve Marriott, pour former les Faces avec son compère du Jeff Beck Group, Ron Wood. La formation devient rapidement l'une des plus populaires outre-Manche. C'est pourtant Rod the Mod qui va rafler le jackpot en solitaire, et « Maggie May » est la première étape de cette conquête des sommets. Écrite avec le guitariste acoustique Martin Quitterton, la chanson est pourtant initialement reléguée en face B du single « *Reason to Believe* », jolie reprise du classique de Tim Hardin. Mais les disc-jockeys américains vont rapidement retourner le disque et préférer cette ballade en mid-tempo pourtant longue de 5'15". Le succès est alors météorique. En octobre 1971, « Maggie May » est en tête des charts des deux côtés de l'Atlantique, tout comme l'album dont le titre est issu, *Every Picture Tells a Story*. Du jamais vu depuis les Beatles et Simon and Garfunkel. Cette histoire vécue d'une brève aventure avec une femme plus âgée lors d'un festival de jazz dans le sud de la France est un succès que son auteur s'explique mal : « Je ne comprends toujours pas comment cette chanson fut un tel tube. Il n'y a pas de mélodie. Du caractère et de jolis accords, mais pas de mélodie. »

Reste que la carrière solo de Rod Stewart est lancée et qu'il va bientôt quitter les Faces, qui se consoleront en rejoignant les Rolling Stones (Ron Wood) ou les Who (Kenny Jones).

« Maggie May » a depuis été reprise notamment par Blur et les Pogues.

BILL WITHERS (1971)

Face A : « Harlem »
Face B : « Ain't No Sunshine »

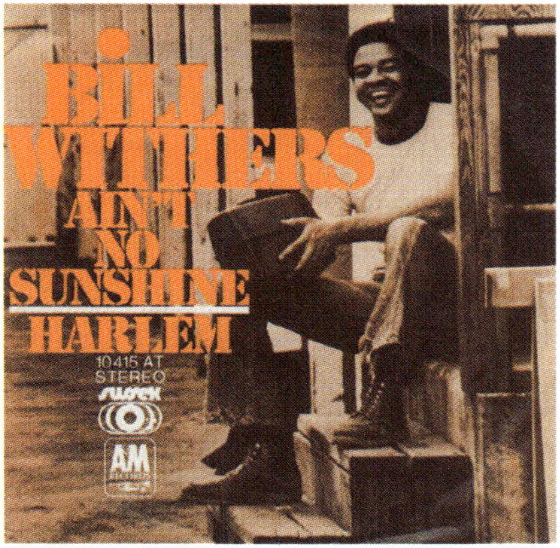

L'histoire de Bill Withers fait partie de ces contes de fées qui alimentent la légende du show-biz. En 1971, lorsqu'il enregistre « Ain't No Sunshine » avec Booker T. & The MG's, Bill a déjà trente et un ans, dont neuf passés dans la marine américaine. Ouvrier aux usines Douglas, où il fabrique des sièges de toilettes pour les avions du groupe, il refuse tout d'abord de quitter son emploi de peur que sa carrière ne décolle pas vraiment. « Ain't No Sunshine » va changer tout cela. La chanson est un succès instantané, qui grimpe jusqu'à la 3e place des classements du Billboard et va obtenir un Grammy de la meilleure chanson de R'n'B de l'année en 1972. Pourtant, tout n'a pas été simple pour Bill Withers. Son label manquant d'argent pour s'offrir un groupe aussi prestigieux que Booker T. & The MG's, l'enregistrement a dû s'étaler sur six mois. Et au départ, en cette période de soul music engagée, c'est le plus enlevé « Harlem » qui a été choisi pour la face A avant que les programmateurs radio fassent le choix du bon sens. L'un des grands moments de « Ain't No Sunshine », inspiré par le film *Le Jour du vin et des roses*, est le break où le chanteur répète vingt-six fois la phrase *« I know »*. Bill Withers voulait pourtant à l'origine remplacer ce passage devenu mythique par de nouvelles paroles, avant que les musiciens de studio, plus expérimentés, l'en dissuadent. « Je n'étais qu'un ouvrier bricolant dans un studio. Je ne savais pas ce que je faisais », expliqua-t-il.

Reprise par Nancy Sinatra ou Neil Diamond, la chanson lança en tout cas une carrière atypique et toujours exigeante qui donnera lieu à un film documentaire en 2009, *Still Bill*.

RCA
MANUFACTURED BY RCA LIMITED, ENGLAND FROM MASTER RECORDINGS OF RCA RECORDS
TM(S) ® MARCA(S) REGISTRADA(S) USED BY AUTHORITY OF RCA CORPORATION
DAVID BOWIE
STEREO
RCA 2316
RCA
Victor
Produced by
Tony Visconti
RCA 2316B
℗ 1971
THE MAN WHO SOLD THE WORLD
(David Bowie) (taken from the album
of the same name LSP 4816)
Titanic/Chrysalis Music
ALL RIGHTS RESERVED. UNAUTHORISED COPYING, PUBLIC PERFORMANCE AND BROADCASTING OF THIS RECORD FORBIDDEN
ELVIS PRESLEY
JIM REEVES
JOSÉ FELICIANO
GLENN MILLER
CLODAGH RODGERS
HENRY MANCINI
THE SWEET
JEFFERSON AIRPLANE
MARIO LANZA
NILSSON
"The Sound of Music"
"Oliver"
"Hair"
RCA sound track & original cast albums.
Also available on RCA Stereo 8 Cartridge Tapes and Cassettes
MADE IN ENGLAND

DAVID BOWIE (1972)

Face A : « Space Oddity » (1972) et « Life on Mars ? » (1973)
Face B : « The Man Who Sold the World »

Les Américains ont mis beaucoup plus de temps que les Européens à se faire à l'univers de David Bowie, surtout à ses débuts ou pendant sa période « Ziggy Stardust », et les 45 tours sortis outre-Atlantique au début des années 1970 ressemblent un peu à des séances de rattrapage. C'est ainsi qu'à deux reprises, « The Man Who Sold the World », chanson de l'album éponyme sorti en 1971, juste avant le succès météorique de « Ziggy Stardust », figure en face B de singles américains. En 1972, la chanson fait la paire avec une réédition de « Space Oddity » tandis qu'en 1973, elle se retrouve au dos de « Life on Mars ? » Cette œuvre « de jeunesse », encore empreinte de l'ambiance fantastique des premiers albums du chanteur protéiforme, connaît une troisième fois les honneurs d'une face B en 1995, dans une version live au verso de *Strangers When We Meet*, produit par Brian Eno.
Conscient dès l'origine du potentiel de cette chanson, David Bowie en a produit lui-même, avec tous les musiciens des Spiders from Mars, une adaptation enregistrée en 1974 par Lulu et qui, sur la vague de la Ziggymania d'alors, se hisse jusqu'à la 3e place des charts britanniques. De nombreuses autres reprises furent réalisées au cours des ans, notamment par Midge Ure, Simple Minds ou John Cougar Mellencamp.
Mais c'est la version fignolée par Nirvana pour l'album tiré de leur session de *MTV Unplugged* en 1994 qui fera connaître « The Man Who Sold the World » à un nouveau public, trente-trois ans après sa sortie initiale. David Bowie sera alors surpris d'apprendre que Kurt Cobain classait son opus de 1971 parmi ses cinquante albums préférés. Il faut dire que le texte, qui évoque un dédoublement de la personnalité, devait parler au leader de Nirvana. Au début de la version du groupe sur MTV, Cobain fait d'ailleurs preuve d'une certaine modestie vis-à-vis de cette reprise en annonçant : « Celle-là, je pense que je vais la planter... » Ce ne fut pas le cas.
Quant à David Bowie, il découvrira avec bonheur cette version, tout en s'amusant d'entendre des jeunes gens le féliciter après un concert pour sa reprise de Nirvana.
« Avant cette version, je ne m'étais pas rendu compte que je faisais partie à ce point du paysage musical aux États-Unis », avoua Bowie au journal *USA Today*.

MANU DIBANGO (1972)

Face A : « Mouvement Ewondo »
Face B : « Soul Makossa »

Ou comment Manu Dibango, le plus Parisien des Camerounais, est devenu l'une des premières stars de la musique africaine grâce à une face B. En cette année 1972, le saxophoniste propose au ministre des Sports de son pays d'écrire une chanson pour soutenir l'équipe de football des Lions indomptables lors de la Coupe d'Afrique des nations organisée à domicile au Cameroun. C'est ainsi qu'il compose « Mouvement Ewondo » et l'enregistre pour un 45 tours remis gratuitement aux supporters. Comme il faut une face B, il grave un titre de makossa, l'un des styles les plus en vogue dans son pays, agrémenté d'un arrangement soul. « Soul Makossa » est née. Le disque ne connaîtra qu'un succès éphémère dans son pays. Dépités par la défaite des Camerounais en demi-finale de la CAN par le Congo, les supporters se vengent sur le disque, qui est brisé et jeté en masse sur la pelouse.

L'enregistrement connaît une seconde vie cette même année aux États-Unis, où le roi des nuits new-yorkaises, David Mancuso, déniche le single dans une boutique de disques antillais et se met à passer régulièrement « Soul Makossa » dans ses soirées au Loft. Le DJ le plus apprécié de la communauté noire, Frankie Crocker, prend le relais sur la radio WBLS et Atlantic rachète les droits au label français Fiesta, qui avait sorti le 45 tours original. Le titre grimpe alors dans le classement du Billboard pour culminer à la 35e place alors que les reprises se multiplient.

« Un tube arrive toujours au bon moment. C'était la *blacksploitation*. Les Noirs américains recherchaient leurs racines chez les musiciens africains qui signaient dans les catalogues européens comme Barclay. Ils ont découvert "Soul Makossa" parmi beaucoup d'autres disques… et ce fut le jackpot ! » a expliqué Manu Dibango à *Jeune Afrique*.

Le refrain, « ma-mako, ma-ma-sa, mako-mako ssa », sera emprunté par Michael Jackson dans une des chansons de l'album *Thriller* : « Wanna Be Startin' Something ». Et le morceau donnera lieu à des centaines de samples et à quelques procès, avec Jennifer Lopez et Rihanna notamment.

Manu Dibango, musicien sans frontières, devenu sans le vouloir un des pionniers de la world music, réenregistra le titre à deux reprises, en 1994 et en 2011, dans une version intitulée « Soul Makossa 2.0 ».

GARY GLITTER (1972)

Face A : « Rock and Roll part 1 »
Face B : « Rock and Roll part 2 »

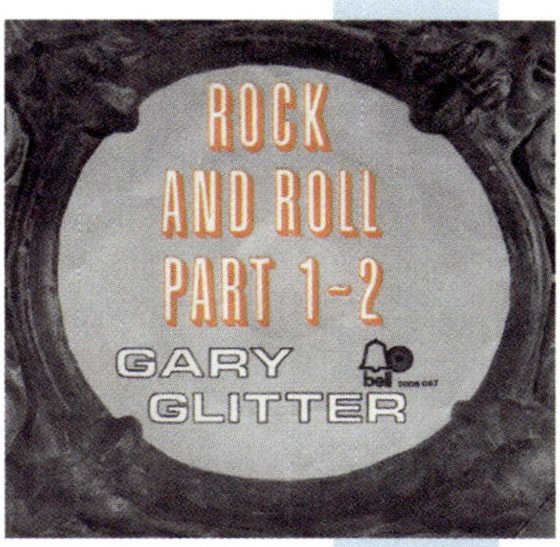

Reprenant à son compte le désormais vieux principe des 45 tours en deux parties, Gary Glitter obtint avec « Rock and Roll » le succès qu'il recherchait depuis des années, mais bizarrement plutôt avec la seconde partie, essentiellement instrumentale, qu'avec la première, vocale. Le titre, cosigné avec son producteur Mike Leander, se hissa à la 2e place des charts anglais en 1972, tandis que « Rock and Roll part 2 » atteignait aux États-Unis le 7e rang du classement du Billboard. Percussif et entraînant, le thème – également connu comme « The Hey Song » en raison des *« Hey »* qui constituaient ses uniques paroles – servit d'hymne guerrier à de nombreux clubs sportifs américains jusqu'à l'arrestation de Gary Glitter en 1999 pour possession de photos pédophiles, puis en 2006 pour actes pédophiles au Vietnam.

La plupart des clubs qui avaient recours à cette chanson pendant leurs matchs décidèrent alors de ne plus l'utiliser. Gary Glitter avait tenté un retour en 1987, en proposant « Rock and Roll part 3 to 6 ».

De son vrai nom Paul Francis Gadd, la future star du glam rock avait tout essayé dans ses jeunes années pour accéder au succès, tentant sa chance sous les pseudonymes les plus variés et les plus ridicules : Paul Raven, Paul Monday, Stanley Sparkle et Vicky Vomit. Devenu un des chanteurs les plus populaires des années 1970 au Royaume-Uni, il est aujourd'hui l'une des personnes les plus détestées de son pays. Tragique destin qui a entraîné dans sa chute ses succès eux-mêmes.

LOU REED (1972)

Face A : « Walk on the Wild Side » Face B : « Perfect Day »

« Perfect Day » est devenue avec le temps la chanson la plus célèbre de Lou Reed, et a même fini par éclipser « Walk on the Wild Side », le titre qui figurait en face A du 45 tours tiré de l'album *Transformer* et publié en novembre 1972. Pourtant, début 1973, lorsque le 45 tours se classe 16e des ventes aux États-Unis, « Perfect Day » passe pratiquement inaperçue. Et puis le temps fait son œuvre et cette jolie ballade au piano, produite par David Bowie et orchestrée par Mick Ronson, impose petit à petit sa mélancolie ambiguë et douce-amère pour devenir un succès universel. Les exégètes ont voulu voir dans ce morceau un hymne de Lou Reed à l'héroïne et aux journées passées sous son emprise, d'autres une référence à sa relation avec sa première femme, Bettye Kronstadt. Si l'aspect drogue fut retenu lors de l'exhumation du titre dans le film *Trainspotting* en 1996, le grand public l'adopta peu à peu au premier degré, comme un hommage vibrant à ces dimanches en couple passés au zoo, au cinéma, à ne rien faire…

« Perfect Day » atteignit son plein potentiel en 1997 lorsque la BBC réunit une brochette de stars (Lou Reed, David Bowie, Bono, Elton John…) pour une chanson de soutien à la radio et à la télévision publiques. Cette version fut ensuite utilisée au profit d'une association pour l'enfance en détresse et se vendit à plus de 1,5 million d'exemplaires. Les références douteuses du titre ont alors totalement disparu.

En 1995, le groupe Duran Duran avait également enregistré le titre pour un album de reprises intitulé *Thank You* et cette version s'était classée dans le Top 30 des ventes au Royaume-Uni.

La dernière reprise notable fut celle de Susan Boyle, la chanteuse phénomène révélée par l'émission *Britain's Got Talent*, en 2010.

En France, le chanteur de La Souris Déglinguée, Tai-Luc, en livra sa propre mouture en 2007.

MANUFACTURED BY RCA LIMITED, ENGLAND FROM MASTER RECORDINGS OF RCA RECORDS
TM(S) ® MARCA(S) REGISTRADA(S) USED BY AUTHORITY OF RCA CORPORATION
LOU REED
Produced by David Bowie & Mick Ronson
Arranged by Lou Reed, David Bowie, Mick Ronson
RCA
RCA 2303
Victor
STEREO
BGBS 1156
℗ 1972 RCA
Records
Warlock
Music
WALK ON THE WILD SIDE
(Lou Reed) (from the 'Transformer'
album)
ALL RIGHTS RESERVED, UNAUTHORISED COPYING, PUBLIC PERFORMANCE AND BROADCASTING OF THIS RECORD FORBIDDEN

Johnny
J 6009 33
PHILIPS
LA MUSIQUE
QUE J'AIME
Recto/verso : Photo
Henri BUREAU - (Gamma
Prise de son
(1) Jean-Claude CHARVIER - Studio des Dame
(2) Chris KIMSEY - Olympic Studio
Réalisation
JOHNNY HALLYDAY et JEAN RENARD
DISTRIBUTION PHONOGRAM
Made and Printed in France
Imp. C.I.D.I.S. Louviers
PHILIPS

JOHNNY HALLYDAY (1973)

Face A : « Comme un corbeau blanc »
Face B : « La musique que j'aime »

« La musique que j'aime » figure certainement dans le Top 5 des toutes meilleures chansons de Johnny et de celles que ses fans plébiscitent depuis maintenant quarante ans. Pourtant, à l'origine, cet hommage à ses racines musicales ne figurait qu'en face B du 45 tours issu de l'album *Insolitudes* derrière « Comme un corbeau blanc », le morceau le plus « variété » de l'album et donc, selon la logique de l'époque, le plus commercial.
« La musique que j'aime » est pourtant tout à fait représentative d'un album entre blues et country enregistré à Londres avec des musiciens de la trempe de Peter Frampton ou Klaus Voorman. C'est que la production 1973 de Johnny est fortement inspirée par Michel Mallory, devenu son ami et collaborateur le plus proche. Retiré chez lui, en Corse, pour écrire les titres de l'album, celui que l'on surnomme « le cow-boy d'Aubervilliers » n'a composé qu'un vague riff de blues lorsque Johnny, de retour des États-Unis, lui demande de lui faire écouter sa production. Le chanteur a ramené pour son ami la Rolls des guitares acoustiques, une Martin, avec laquelle il compose vite fait une mélodie et des paroles sur le riff ramené de Corse.
« Cette chanson ne m'a pris que le temps de l'écriture, c'est-à-dire moins de dix minutes, explique Michel Mallory. Avec Johnny, on vivait pratiquement l'un sur l'autre. J'étais une éponge, je m'imprégnais de ce qui se passait et j'essayais de le retranscrire. »
Comme ces joies et ces peines qui font le blues. « On n'a jamais su en France, à part les fidèles du blues, du rock'n'roll, ce qu'était le blues... Finalement, le blues, c'est trois accords. C'est ce que j'essaie d'expliquer dans cette chanson. Le blues, ce n'est pas une étiquette, c'est une expression, ce sont les sentiments du moment », expliquera Johnny à Jean-Bernard Hebey sur RTL. Quand Johnny s'appropriera la paternité d'une musique bel et bien écrite par son complice, celui-ci ne s'en formalisera pas. Sans la Martin offerte par son complice, la chanson n'aurait jamais vu le jour...
Et puis ce titre ressemble tellement à son interprète qu'il en est de toute façon l'auteur légitime. Cette même année, Michel Mallory a également signé l'un des plus grands tubes de la carrière de Johnny et de Sylvie Vartan : « J'ai un problème ».
Parmi les reprises de « La musique que j'aime », la plus connue est certainement celle de Patricia Kaas. Mais Véronique Sanson et Florent Pagny – avec Johnny sur scène – se sont également emparés de ce classique.

SERGE LAMA (1973)

Face A : « Je suis malade »
Face B : « Les p'tites femmes de Pigalle »

À ses débuts, Serge Lama est un chanteur de qualité, un peu élitiste, dans la grande tradition rive gauche, qui touche un public de connaisseurs, mais ne côtoie pas encore les sommets. Avec « Les ballons rouges », puis « Une île », il s'affirme comme un auteur interprète talentueux et exigeant, dont le succès va croissant. Un premier tournant se produit en 1971, avec « Superman », adaptation d'un titre des Kinks qui met en évidence son côté facétieux, voire grivois. En 1973, « Les p'tites femmes de Pigalle » enfonce le clou et transforme Serge Lama en chanteur populaire. Très populaire. Pourtant cet hommage aux professionnelles qui rendent la joie de vivre à un cocu n'est pas tout d'abord mis sur le devant de la scène. C'est « Je suis malade », titre de l'album éponyme et premier Disque d'or, qui est retenu. Peut-être parce que cette face B fait enrager les féministes et froncer les sourcils des bien-pensants... Ce sont en tout cas ces « P'tites femmes de Pigalle » qui vont bénéficier du plus grand succès et faire décoller définitivement la carrière de Serge Lama.

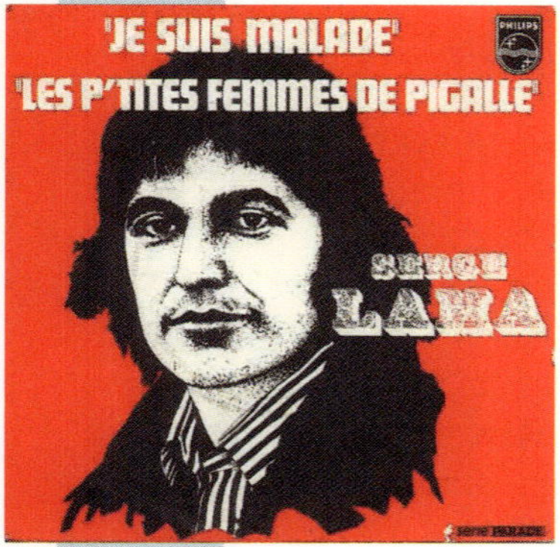

Le parolier Claude Lemesle raconte que l'idée de la chanson est venue à ce dernier alors qu'ils déjeunaient ensemble et qu'il lui avait fait part de ses problèmes conjugaux, bien vite oubliés dans les bars de Pigalle.

Le succès de la chanson, qui obtient en 1974 le prix de la Sacem, a cependant un côté sombre. Son compositeur, Jacques Datin, décédera avant sa sortie, à l'âge de cinquante-trois ans. Ce sera la dernière réussite de ce mélodiste raffiné, qui offrit à Claude Nougaro ses premiers grands moments (« Le jazz et la java », « Cécile, ma fille »...).

MONTY PYTHON (1973)

Face B : Matching Tie and Handkerchief

Même s'il s'agit d'un album et non pas d'un single, *Matching Tie and Handkerchief* mérite une place – et de choix – dans cet ouvrage. Toujours à l'affût d'une innovation incongrue et déconnante, les Monty Pyhton inventèrent en effet à l'occasion de la sortie de leur troisième album en 1973 la « face C ». Le disque, vendu dans les boutiques de confection pour hommes avec les produits qu'il annonce (une cravate et un mouchoir assortis), comportait en effet non pas deux, mais bel et bien trois faces ! La première est – à peu près – normale, mais deux sillons distincts sont tracés sur la deuxième face, permettant d'entendre une suite de morceaux entièrement différents selon l'endroit où l'on place le diamant de son bras de lecture. Bref, un « truc » entièrement lié à la technologie de l'époque et uniquement possible sur une galette vinyle. Les éditions CD de l'album regrouperont d'ailleurs la totalité des morceaux sur une même face. Pour encore compliquer la tâche de l'auditeur, les Monty Python intitulèrent d'ailleurs les deux faces de leur enregistrement « face 2 » !

Ce procédé technique (intitulé « double groove ») est souvent présenté comme l'ancêtre des « ghost tracks », ces morceaux relegués en toute fin de CD, sans numérotation, et qui n'apparaissent que si on laisse défiler l'enregistrement…

ELVIS PRESLEY (1973)

Face A : « Separate Ways »
Face B : « Always on My Mind »

Classique de la country créé par Brenda Lee en 1972, « Always on My Mind » ne rencontra le succès que quelques mois plus tard dans la version d'Elvis Presley, pourtant reléguée en face B de « Separate Ways » (référence à sa rupture avec Priscilla). Les deux faces finirent par se classer dans le Top 20 du Billboard, mais c'est « Always on My Mind » qui frappa les esprits, et fut utilisée comme titre phare dans ses pressages britannique ou français. Ce fut le début d'un déluge de reprises, puisqu'on estime que cette chanson signée Johnny Christopher, Mark James et Wayne Carson – à qui l'on doit également « The Letter » des Box Tops – fut enregistrée plus de trois cents fois.

Certaines de ces adaptations dépassèrent l'original, comme celle de Willie Nelson, parue en 1982, qui se hissa à la 5e place des classements du Billboard et fut gratifiée de trois Grammy Awards, y compris pour ses auteurs, qui l'avaient pourtant écrite dix ans plus tôt. Willie Nelson réenregistra ce classique en duo avec Johnny Cash en 1991, une version qui rencontra tout autant de succès et obtint un Disque de platine.

Il fallut attendre 1987 pour voir « Always on My Mind » devenir numéro 1, mais au Royaume-Uni, dans la version des Pet Shop Boys. Pressés d'enregistrer une chanson en hommage à Elvis, dix ans après sa mort, ils choisirent ce titre dont ils offrirent une version brillante, classée deuxième meilleure reprise de tous les temps par le *Daily Telegraph* en 2004 derrière « All Along the Watchtower », l'interprétation de la chanson de Bob Dylan par Jimi Hendrix. La mouture des Pet Shop Boys fut le numéro 1 de Noël 1987 outre-Manche.

Parmi les autres versions, notons celle de Roch Voisine dans son album *Americana*.

THE DOOBIE BROTHERS (1974)

Face A : « Another Park, Another Sunday »
Face B : « Black Water »

« Black Water » a mis près de deux ans après son enregistrement en 1973 pour gravir les sommets des classements des meilleures ventes aux États-Unis. Initialement dissimulée derrière « Another Park, Another Sunday », elle finit par éclipser le titre vedette pour se hisser au rang de numéro 1, à la grande surprise du groupe lui-même. Chanson enlevée évoquant le Mississippi de Mark Twain, le morceau aurait été diffusé sans cesse par une radio du fin fond de la Virginie, et le bouche à oreille aurait fait le reste. Une autre version de la belle histoire de ce titre assure que les radios avaient fini par bouder la face A dont les paroles déclaraient : « La radio me déprime. » En conséquence, les DJ's avaient retourné le disque. Jolie ballade acoustique baignée des accents du Sud profond, « Black Water » doit aussi sa popularité à son passage a cappella, suggéré par le producteur Ted Templeman, ancien membre du groupe vocal Harpers Bizarre, qui s'était fait une spécialité de ces intermèdes dénués d'instruments.

Œuvre du guitariste Pat Simmons, qui n'est pas le compositeur attitré des Doobies, la chanson se classa au sommet des ventes en mars 1975, alors que le groupe était en tournée.

« Je me souviens que lorsque nous avons appris que le titre était numéro 1, nous étions à Baton Rouge, en Louisiane, et sur le point d'entrer en scène. Nous avions conscience que la chanson passait à la radio, mais nous n'y faisions pas vraiment attention. Et tout à coup, elle s'est retrouvée numéro 1 et là, nous avons réalisé. Nous n'avons cessé de la jouer depuis », expliqua plus tard Tom Johnston, l'autre guitariste du groupe.

GIGI L'AMOROSO
GIGI L'AMOUR
DALIDA
IL VENAIT D'AVOIR 18 ANS
SONOPRESSE
1S 45716
production et réalisation artistique orlando ● photo : a. marouani ● studios des dames ● davout ● prise de son j.-p. dupuy ●

DALIDA (1974)

Face A : « Gigi l'amoroso »
Face B : **« Il venait d'avoir 18 ans »**

Aujourd'hui, on dirait « cougar »... Voilà quarante ans, en 1974, les amours d'une femme plus âgée pour un jeune homme étaient moins courues. L'affaire Gabrielle Russier, enseignante qui s'était donné la mort à la suite de sa liaison avec un élève, était dans tous les esprits (voir « Mourir d'aimer »). Dalida savait parfaitement de quoi il retournait puisqu'elle avait vécu sept ans plus tôt une relation avec un jeune étudiant romain, Lucio, et avait décidé d'avorter, une opération qui l'avait rendue stérile. À quarante-deux ans, la chanteuse d'origine égyptienne se cherchait, humainement comme artistiquement, et elle vit comme un signe du destin cette chanson que lui proposaient, en dernier recours, Pascal Sevran et Pascal Auriat, venus la trouver avec d'autres compositions. Les paroles étaient en réalité signées Serge Lebrail, et Pascal Sevran avait remis en ordre et affiné ce texte délicat pour en faire ce petit chef-d'œuvre en prise avec son temps. Dalida avait exceptionnellement accepté de recevoir chez elle, rue d'Orchampt à Montmartre, ces deux jeunes auteur et compositeur qui destinaient à l'origine ce titre à la chanteuse Jacqueline Danno.

Adossée à « Gigi l'amoroso » sur le premier 45 tours issu de l'album *Julien*, la chanson va très vite prendre son propre envol et devenir l'un des grands classiques de Dalida et un tube international. Enregistrée par la chanteuse elle-même en italien, espagnol, anglais, japonais et allemand, « Il venait d'avoir 18 ans » se retrouve numéro 1 dans neuf pays et s'écoule à plus de 3,5 millions d'exemplaires en Allemagne, où elle obtient le plus grand succès.

En France, la reconnaissance est aussi critique, puisque la chanson reçoit un prix de l'Académie Charles-Cros et six Disques d'or.

CARL DOUGLAS (1974)

Face A : « I Want to Give You My Everything »
Face B : « Kung Fu Fighting »

Avouons-le, « Kung Fu Fighting » n'est pas un chef-d'œuvre d'intelligence ou de subtilité, mais c'est qu'à l'origine Carl Douglas ne pensait pas que cette pochade serait entendue par autant de monde. Contacté par le producteur d'origine indienne Biddu Appaiah pour enregistrer le titre « I Want to Give You My Everything », le chanteur jamaïcain lui présenta quelques textes pouvant servir de face B. Dont ces paroles inspirées des films de kung-fu alors en vogue. En dix minutes, Biddu, pionnier du disco, composa une mélodie et le tout fut enregistré *fissa*, la session de studio touchant à sa fin. Pensant que personne ne retournerait le disque, Carl Douglas ajouta force « Ooh » et « Hah » tout au long du morceau, accentuant son côté outré. Et puis patatras, le label Pye, auquel ils proposèrent ces deux titres, estima que ce morceau bâclé valait bien mieux que le titre pressenti pour la face A. Malgré cela, « Kung Fu Fighting » eut du mal à démarrer, et c'est dans les clubs du nord de l'Angleterre que sa popularité alla croissant. Il se retrouva bientôt en tête des ventes au Royaume-Uni en août 1974 avant de conquérir les États-Unis et d'y devenir également numéro 1 deux mois plus tard. En tout, on estime que ce single s'écoula à quelque 11 millions d'exemplaires, ce qui en fait l'un des 45 tours les plus vendus de tous les temps. Carl Douglas se retrouva aussitôt piégé dans le style kung-fu et enregistra un album consacré à cet art martial, ainsi qu'une suite à ce succès foudroyant, « Dance the Kung Fu ».

Dans le même temps, la réputation de Biddu comme producteur était faite : il devint l'un des producteurs les plus recherchés de la soul anglaise, sortit sous son nom des instrumentaux à succès et produisit même un titre pour Claude François. Un remake du groupe de rap anglais Bus Stop se hissa dans le Top 10 britannique en 1988.

MICHEL SARDOU (1974)

Face A : « La marche en avant »
Face B : « Les villes de solitude »

Face B mais gros scandale. Lorsque paraît le 45 tours « La marche en avant »/« Les villes de solitude », Michel Sardou est déjà un chanteur catalogué « réac », depuis qu'il a célébré les Ricains et sa fierté d'habiter en France, pays des bals populaires, du service militaire et des internats avec leurs surveillants généraux « efféminés ». L'image du chanteur va virer encore plus à droite avec ces « villes de solitude » où il met en scène un raté à la vie ordinaire et frustrante, qui trouve dans l'alcool et les fantasmes honteux une dérisoire échappatoire. « J'ai envie de violer des femmes », s'exclame l'anti-héros qu'interprète Sardou, et, bien évidemment, le scandale éclate. Les féministes s'insurgent contre ce texte provocateur cosigné par Pierre Delanoë, et y voient une chanson autobiographique là où Sardou tente de dénoncer un malaise bien réel. Il fut sans doute conscient cependant des risques qu'il prenait, reléguant ce titre en face B de « La marche en avant », titre dont l'antimilitarisme fut totalement occulté par les paroles controversées du morceau placé sur l'autre face.

Le chanteur s'engagera d'ailleurs de plus en plus à l'opposé des idées en vogue dans son milieu et au sein de la critique. Mais son succès exceptionnel démontre qu'il fait mouche, que ses constats, qu'on les approuve ou pas, sont partagés par le plus grand nombre.

En cette année 1974 d'élection présidentielle, où Valéry Giscard d'Estaing va battre de très peu François Mitterrand, la France est coupée en deux. Celle de Sardou n'a pas voté à gauche, et elle va en faire le chanteur le plus populaire de ce septennat. En 2006, assagi, Sardou reprendra exactement le même thème dans sa chanson « Mes villes hostiles », mais si le constat est encore plus désespéré, il est abordé avec plus de tact. L'heure n'est plus à choquer…

CLAUDE FRANÇOIS (1974)

Face A : « Le mal aimé » Face B : « Le téléphone pleure »

C'était une face B, mais même pas de 45 tours. « Le téléphone pleure » se trouvait en effet en deuxième position sur la deuxième face du 33 tours de Claude François, *Le Mal aimé*, dont le single était le titre éponyme. Quelques passages radio ont suffi pour faire de cette chanson d'album un tube monumental, vendu à près de 3 millions d'exemplaires en seulement quelques semaines !

« J'ai fait "Le téléphone pleure" comme du remplissage. Jamais je n'ai cherché le tube », avouera Cloclo, dépassé lui-même par l'ampleur du phénomène.

Il se dit que l'idée de la chanson serait venue à son compositeur, Jean-Pierre Bourtayre, en allant voir *L'Épouvantail* de Jerry Schatzberg, film dans lequel un homme téléphone chez lui après huit ans d'absence et tombe sur un enfant dont il ne sait pas que c'est le sien. Mais il est beaucoup plus probable que Bourtayre et le parolier Frank Thomas se soient largement inspirés du couple de choc de la country américaine, George Jones et Tammy Wynette, qui venaient de faire paraître une chanson quasi identique, « The Telephone Call ». Ce titre avait d'ailleurs été proposé en adaptation à Claude François, qui l'avait refusé. Mais comme il manquait une chanson pour l'album…

Pour la réalisation du titre, il faut donc un enfant, et Claude François en fait auditionner plusieurs. C'est finalement la fille d'une de ses collaboratrices, Frédérique Barkoff, qui est retenue.

Si ses auteurs ne croient pas trop au succès de la chanson, ses quelques passages sur les ondes suffisent à les détromper. La demande est tellement forte qu'il faut sortir en urgence un 45 tours, qui paraît en octobre 1974. Et « Le téléphone pleure » est un tel carton qu'il faut imprimer des autocollants à la va-vite pour les ajouter à la pochette de l'album. Lors d'un deuxième pressage, le titre de la chanson est cette fois imprimé directement sur la jaquette pour pousser les ventes du 33 tours.

L'été suivant, Claude François se décide à enregistrer son méga-tube en espagnol et en anglais. Et cette version se classe 35ᵉ dans les charts britanniques en janvier 1976.

LE TELEPHONE PLEURE
Le mal aimé

MICHEL JONASZ (1974)

Face A : « Dites-moi »
Face B : « Super Nana »

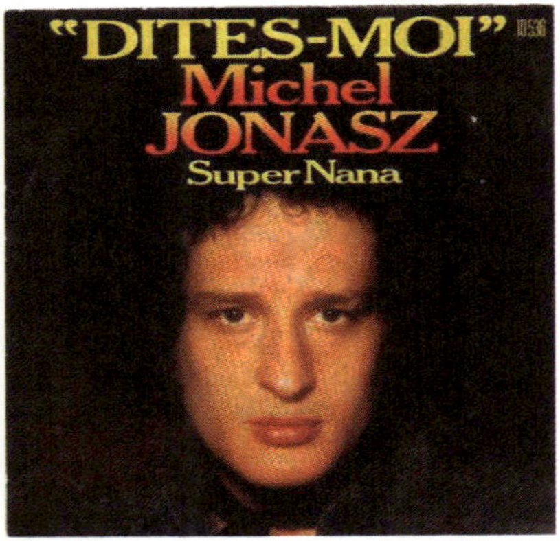

Avec le temps, « Super Nana » est devenue l'une des chansons les plus singulières du répertoire de Michel Jonasz et l'une des plus grandes réussites de ses débuts. Et pourtant, elle ne figurait à l'origine, en 1974, qu'en face B du simple « Dites-moi », autre grand moment du premier album solo du chanteur. À vingt-sept ans, Jonasz a déjà un long passé musical derrière lui, puisqu'il a officié comme pianiste au sein des Lemons, le groupe de Vigon, puis de King Set, formation au succès météorique et plutôt confidentiel. Ses débuts en solo sont un peu indécis. Celui qui va devenir l'un des auteurs-compositeurs les plus respectés de la chanson française laisse pour l'heure le soin à d'autres d'écrire ses textes et ses musiques. Dans le premier cas, c'est essentiellement Pierre Grosz et Frank Thomas qui s'y collent, tandis que son ami Alain Goldstein, autre ancien de King Set, fournit les partitions. Sur son premier album, Jonasz ne produit qu'une musique, celle de « Dites-moi », et ce n'est pas la moins bonne.

Pour « Super Nana », en revanche, il a fait appel à Jean-Claude Vannier, l'arrangeur culte des grands albums de Serge Gainsbourg, et notamment de « Ballade de Melody Nelson », qui s'affirme également comme un ciseleur de chansons de grand talent. Son auteur reprendra d'ailleurs le titre dans un album solo paru un an plus tard. Jean-Claude Vannier le chanteur ne parviendra jamais à faire oublier l'arrangeur et chef d'orchestre. Mais l'auteur fournira également des musiques et des textes aux plus grands : Jane Birkin, Julien Clerc, Françoise Hardy, Claude Nougaro, Henri Salvador ou Michel Polnareff, dont il a composé « Tous les bateaux, tous les oiseaux ».

« Super Nana » reste cependant l'un des fleurons de sa discographie.

BEAU DOMMAGE (1975)

Face A : « Harmonie du soir à Châteauguay »
Face B : « La complainte du phoque en Alaska »

Robert Charlebois et Louise Forestier avaient montré la voie quelques années auparavant, mais Beau Dommage signa sans doute le plus grand succès de la vague québécoise qui déferla dans les années 1970 sur l'Hexagone. Composée par le chanteur et compositeur du groupe Marcel Rivard, « La complainte du phoque en Alaska » relève au départ de l'écriture automatique. Une phrase, venue comme ça à son auteur et laissée au coin d'un cahier : « Le phoque regarde son poil briller comme les rues de New York après la pluie. » Et bientôt, autour, une superbe valse triste sur le thème de l'abandon. Ce phoque abandonné au milieu de la banquise incarne tous les amoureux que leurs « blondes » ont laissé tomber. La chanson fut le plus grand tube de l'impeccable premier album du groupe, nommé d'après une expression québécoise signifiant « bien entendu ».
Elle fut pourtant à l'origine éditée en face B d'un autre titre de ce 33 tours, « Harmonie du soir à Châteauguay », avant d'être plébiscitée par les radios et le public.

Le titre, désormais un classique du répertoire canadien, fut repris par Félix Leclerc et par Anna et Kate McGarrigle, deux institutions au Canada, la seconde étant la mère du chanteur Rufus Wainwright et de sa sœur Martha. Vanessa Paradis et Maxime Le Forestier enregistrèrent aussi une belle version de la chanson pour une édition des *Enfoirés*.
Après des hauts et des bas, des dissolutions et des reformations, Beau Dommage reste un des groupes les plus populaires et respectés dans la Belle Province.

PINK FLOYD
(1975)

Face A : « Have a Cigar »
Face B : « Shine on You, Crazy Diamond »

En France et dans le reste de l'Europe continentale, « Shine on You, Crazy Diamond » se retrouva placée en face B du simple « Have a Cigar », autre extrait de l'album *Wish You Were There*. Aujourd'hui pourtant, pour les exégètes de Pink Floyd, « Shine on You » est l'un des morceaux essentiels, sinon *le* morceau essentiel du groupe, celui qui fait le lien entre toutes les périodes de son existence. Composé à l'origine pour figurer sur l'intégralité de la face B du 33 tours dont il est issu, le titre fut finalement coupé en plusieurs parties, et c'est la première qui est utilisée au verso du 45 tours français.

« Shine on You, Crazy Diamond » est ainsi un hommage rendu à Syd Barrett, le premier guitariste et force créatrice du groupe originel, évincé après deux albums en raison de son état mental totalement détérioré par la prise d'acide. Un incident célèbre s'est produit pendant l'enregistrement du titre dans les studios d'Abbey Road. Ainsi pendant la prise des voix, un homme chauve et gras apparut qu'aucun des membres de Pink Floyd ne parvint de prime abord à reconnaître. Au bout d'une heure, identifiant enfin un Syd Barrett bouffi et défiguré, Roger Waters, le bassiste et auteur des paroles, fondit en larmes. Plusieurs versions de cette apparition existent en fonction des témoins, mais il ne fait aucun doute que le guitariste maudit fut bien présent et demanda même à quel moment il devait intervenir.

Le morceau dut par ailleurs être réenregistré dans son intégralité après une erreur de manipulation sur la console du studio transférant l'écho de tous les autres instruments sur les pistes de batterie. Un esprit rôdait certainement autour de cette session !

E
2C.010-97357
PINK FLOYD
Shine on You Crazy Diamond
MADE IN FRANCE
PATHE MARCONI EMI ℗ 1976

GÉRARD MANSET (1975)

Face A : « C'est un parc »
Face B : « Il voyage en solitaire »

Gérard Manset fuit à ce point le succès qu'il ne pouvait faire autrement que de glisser le plus grand succès de sa carrière en face B ! C'était à l'origine sur un 45 tours promotionnel destiné aux radios et « Il voyage en solitaire », tube lunaire de 1975, se trouvait dissimulé derrière « C'est un parc », autre belle chanson de l'album produit cette année-là par le plus énigmatique chanteur français. Bien sûr, un animateur – en l'occurrence Daniel Hamelin sur France Inter – eut la curiosité de retourner la galette pour y dénicher ce chef-d'œuvre de beauté simple et épurée, qui est aussi un autoportrait juste de l'artiste. Le titre fut alors matraqué sur les ondes publiques jusqu'à ce que Pathé-Marconi se décide à le sortir enfin en simple. Et 300 000 acheteurs décidèrent de voyager avec Manset. Toujours aussi réticent à s'exhiber, notre misanthrope accepta cependant le défi de se produire sur le plateau de Guy Lux pour une rarissime apparition dans une émission grand public. Et puis Manset est reparti comme il était venu, à l'image de la pochette de son disque, où il tourne le dos à l'auditeur sur le quai de la gare Montparnasse.

Échaudé par ce succès forcé, notre discret baroudeur voyagea vraiment dès lors, produisant dans la foulée un album au titre manifeste : *Rien à raconter*. Perfectionniste, Manset a rajouté ou évincé plusieurs titres de l'album *Y a une route* où figure « Il voyage en solitaire » au gré des rééditions. Mais ce « tube » eut le mérite de faire connaître un peu mieux son œuvre et de lui gagner des milliers d'admirateurs fidèles.

ABBA (1975)

Face A : « Bang a Boomerang » (en France)
Face B : « S.O.S. »

Si « S.O.S. », l'un des plus grands tubes d'ABBA, fut une face A dans le monde entier, Vogue décida bizarrement de le sortir en France en face B de « Bang a Boomerang », titre sympathique mais bien moins accrocheur que ce « S.O.S. » qui marqua le deuxième grand départ de la carrière du quatuor suédois. Numéro 1 dans de nombreux pays, le titre fut ainsi le premier succès comparable à « Waterloo », la chanson qui leur avait permis de remporter le concours de l'Eurovision en 1974. Après ce « S.O.S. » salvateur, ABBA enchaîna pas moins de dix-huit succès classés dans le Top 10 des charts britanniques.

Et c'est finalement « S.O.S. » qui fut également, au détriment de « Bang a Boomerang », le véritable succès de ce 45 tours en France, où il se classa au sommet des ventes à l'automne 1975. « S.O.S. » est par ailleurs une curiosité en ce qu'il s'agit du seul morceau à s'être classé au sommet des hit-parades, dont le titre et le nom du groupe sont tous les deux des palindromes (qui peuvent se lire dans les deux sens) !

Plus sérieusement, la chanson compte des admirateurs célèbres comme John Lennon ou le guitariste des Who, Pete Townshend, qui a confié à de nombreuses reprises qu'il s'agissait de sa chanson pop préférée.

La blonde Agnetha Fältskog, qui chante la voix principale pour ABBA, enregistra également la chanson pour son album solo sorti la même année. Cette version se classa au sommet des ventes en Suède.

On prétend par ailleurs que les Sex Pistols empruntèrent le riff de départ de « S.O.S. » pour composer leur chanson « Pretty Vacant ».

En France existe une version de Marie (alias Marie-France Dufour), sortie la même année 1975.

Casablanca
STEREO
NB 863
(863-A)
KISS
Produced by
Bob Ezrin
for Migration
Records, Inc.
A Rock Steady
Production
SIDE A
Café Americana,
Inc./Kiss Songs,
Inc. ASCAP/
All By Myself
Publishing
Co., Ltd. BMI
TIME 2:45
"BETH"
(P. Criss/S. Penridge/B. Ezrin)
℗1976 Casablanca
Records, Inc.
Manufactured and Distributed by Casablanca Records, Inc., 8255 Sunset Boulevard, Los Angeles, California 90046. Made in U.S.A.
WARNER/REPRISE
Printed in U.S.A.

KISS (1976)

Face A : « Detroit Rock City »
Face B : « Beth »

Certains tubes issus de faces B doivent leur succès à des fans plus perspicaces que d'autres et qui ont eu la curiosité de retourner le disque. C'est le cas de « Beth », ballade du groupe Kiss sortie en 1976 derrière « Detroit Rock City » et qui devint finalement le deuxième plus grand succès des rois du maquillage après « I Was Made for Lovin' You ». « Beth » serait peut-être restée dans l'ombre si la fille d'une animatrice radio de Windsor, dans l'Ontario, n'avait passé en boucle dans sa chambre la face B du single, poussant sa mère à faire de même dans son programme. Lorsque le disque devint Disque d'or, celui-ci fut remis à la jeune fille par les membres du groupe. Il faut dire que le morceau tranchait avec le répertoire habituel de Kiss, plutôt tourné vers le hard rock déconnant, puisque aucun de ses membres ne joue sur le titre, le batteur Peter Criss chantant sur un accompagnement de piano et d'orchestre symphonique.

La chanson avait en fait été écrite par Peter Criss et le guitariste Stan Penridge des années auparavant lorsqu'ils officiaient dans un groupe du nom de Chelsea.
Vendue à plus d'un million d'exemplaires, « Beth » se hissa à la 7e place des ventes aux États-Unis et reste à ce jour le plus grand succès du groupe dans son pays.
La face A initiale, « Detroit Rock City », est pour sa part devenue l'un des titres préférés des fans de Kiss et a été reprise par de nombreuses formations, comme Soundgarden ou Green Day.

WILD CHERRY (1976)

Face A : « I Feel Sanctified »
Face B : « Play that Funky Music »

« Play that funky music, white boy ! » Wild Cherry n'était qu'un groupe de hard rock plutôt obscur lorsqu'il leur fut suggéré, en pleine vogue du disco, d'ajouter un peu de groove à leur musique. C'est ainsi que le batteur Ron Beitle se fit l'interprète du désir des fans en lâchant au guitariste et compositeur Robert Parissi cette phrase : « Joue-moi cette musique funky, petit blanc ! » Parissi s'exécuta d'autant plus volontiers qu'il avait déjà quelques titres de ce registre dans sa besace. Et prenant son batteur au mot, il utilisa cette injonction pour en faire une chanson. « Play that Funky Music » fut pourtant initialement prévue pour la face B d'une reprise de « I Feel Sanctified » des Commodores. Mais le label Epic, qui fut chargé de la distribution nationale du single, imposa à juste titre la composition de Robert Parissi. Sage décision puisque le titre, largement inspiré du « Fire » des Ohio Players, se hissa en tête des ventes aux États-Unis en septembre 1976 et s'écoula au final à plus de 2,5 millions d'exemplaires. Si Wild Cherry n'obtint plus jamais le moindre succès, une reprise de « Vanilla Ice » en 1990 grimpa à nouveau à la 4e place des charts américains et fut un succès international. Robert Parissi dut pourtant faire valoir ses droits, n'ayant alors pas été crédité.

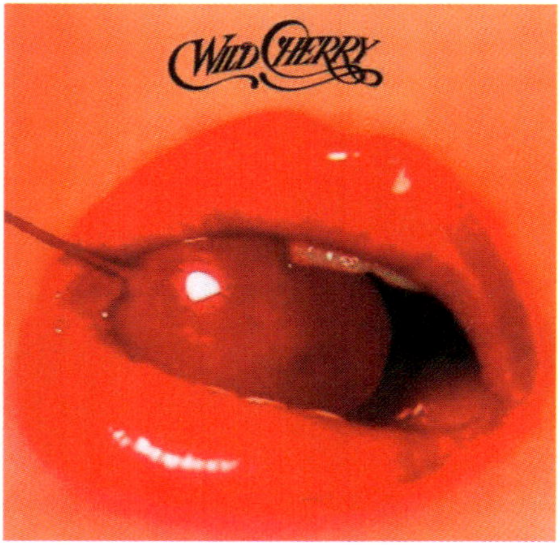

Le titre fut également interprété sur scène par des dizaines d'artistes, dont Prince et George Michael.

FLEETWOOD MAC (1977)

Face A : « Go Your Own Way » Face B : « Silver Springs »

« Silver Springs » a souvent été qualifiée de meilleure chanson jamais écartée d'un album. Et quel album ! *Rumours*, l'opus majeur de Fleetwood Mac, sorti en 1977, s'est vendu à 45 millions d'exemplaires pour devenir l'un des LPs les plus vendus de l'histoire du disque. Et « Silver Springs » n'y a pas trouvé place, officiellement en raison de sa longueur (4'29"). La chanson comme son éviction étaient en réalité le reflet des tensions croissantes à l'intérieur du groupe, affectivement comme musicalement. Écrite par la chanteuse Stevie Nicks à propos de la fin de sa relation avec le guitariste Lindsey Buckingham, elle illustre également l'éloignement de plus en plus marqué que le succès et les tournées vont imposer aux membres du groupe. Reléguée en face B du single *Go Your Own Way*, elle ne cessa pour autant de marquer l'histoire de Fleetwood Mac. En 1990, au sortir d'une tournée, Stevie Nicks souhaita l'inclure dans sa compilation *Timespace – The Best of Stevie Nicks*, mais essuya un refus de Mick Fleetwood, qui voulait de son côté la garder pour un coffret sur l'histoire de leur formation. De dépit, la chanteuse quitta le groupe. Il fallut attendre sept ans de plus pour que « Silver Springs » sorte enfin en single dans une version live tirée de *The Dance*, l'album de la réconciliation.

« J'ai écrit cette chanson le jour où je me suis rendu compte que Lindsey me hanterait pour la vie », expliqua Stevie Nicks à *Rolling Stone*.

Silver Spring est le nom d'une localité du Maryland que le couple traversait en voiture lorsque l'idée de la chanson lui était venue.

Par une certaine ironie du sort, la chanson de la face A du 45 tours, « Go Your Own Way », est un titre de Lindsey Buckingham enjoignant sa compagne de ne pas le quitter ! Une rupture consommée par l'intermédiaire des deux faces d'un même disque…

GLORIA GAYNOR (1977)

Face A : « Substitute » Face B : « I Will Survive »

En France, « I Will Survive » est indéfectiblement associée à la victoire de la France dans la Coupe du monde de football 1998. Les Bleus avaient adopté cette chanson que fredonnait le défenseur Vincent Candela dans les vestiaires après chaque victoire des Tricolores. C'est dans la version du groupe néerlandais Hermes House Band, devenue l'hymne du Stade français, que le titre s'était répandu dans les enceintes sportives. Pourtant, vingt ans auparavant, au cœur des années disco, la chanson avait été un tube énorme, numéro 1 des deux côtés de l'Atlantique.

À l'origine, « I Will Survive », histoire d'une rupture qui renforce la rage de vivre de la femme délaissée, se trouvait reléguée en face B de « Substitute », une reprise des Righteous Brothers. Mais les disc-jockeys, séduits par l'interprétation chaleureuse de Gloria Gaynor et l'enthousiasme contagieux du refrain, retournèrent bien vite la galette pour faire de ce second choix un succès mondial.

Devenue un classique, elle obtint en 1980 l'unique Grammy Award octroyé à un titre disco, cette catégorie n'ayant été retenue par le jury que cette année-là.

Les reprises sont innombrables et variées, allant de Diana Ross ou Shirley Bassey à Anthony & The Johnsons ou Piggy, la cochonne des Muppets.

Les versions de Cake, Chantay Savage et Leah McFall se reclasseront d'ailleurs dans les hit-parades internationaux.

Robbie Williams et Erasure empruntent un extrait musical de la chanson dans leurs titres « Supreme » et « Love to Hate You ». Mais il s'agirait en fait, dans ces deux cas, d'un échantillon de la bande-son de François de Roubaix pour le film *Dernier domicile connu* de José Giovanni, sorti en 1970. Freddie Perren, l'auteur de « I Will Survive », connu par ailleurs pour son travail avec les Jackson Five, s'est peut-être inspiré consciemment ou pas de cette partition qui ressemble fortement à sa chanson. En France, Régine fit un véritable tabac avec sa reprise en français : « Je survivrai ».

BOB MARLEY & THE WAILERS

(1977)

Face A : « Jamming »
Face B : « Punky Reggae Party »

« Punky Reggae Party » est devenue un classique de Bob Marley grâce à sa présence sur l'album live *Babylon by Bus*, dont la chanson fut un des grands moments et sortit en single en 1978. Mais la version studio, à l'exception des compilations plus tardives, ne fut au départ disponible qu'en face B d'un maxi-45 tours dont le recto était « Jamming ». Seul le public jamaïcain avait bénéficié d'une version du titre en face A. « Punky Reggae Party » est pourtant une date importante dans le parcours de Bob Marley puisque c'est le moment où il revendique haut et fort son cousinage avec le mouvement punk qui se développe en Angleterre et fait du reggae l'une de ses inspirations. L'idée du morceau est venue au leader des Wailers, qui habitait alors à Londres, en entendant la reprise par les Clash du « Police and Thieves » de Junior Murvin. À cette grande « Punky Reggae Party » qu'il appelle de ses vœux, il invite les Clash, mais aussi les Jam, les Damned et Dr. Feelgood. Bref toute la scène de cette « new wave » qu'il invoque tout au long de la chanson et qu'il fréquente alors dans les nuits londoniennes.

Et c'est vrai que 1977 marque le vrai début de la vague du reggae en Angleterre, qui va déferler avec autant de force que le punk grâce à des groupes comme Steel Pulse, Aswad ou des porte-parole comme Linton Kwesi Johnson. « Punky Reggae Party » n'y est pas pour rien.

Le titre fut repris plus tard par le groupe de reggae Island Head.

PLASTIC BERTRAND (1977)

Face A : « Pogo Pogo »
Face B : « Ça plane pour moi »

Si le mouvement punk a vu le jour au Royaume-Uni, son premier vrai tube fut francophone, belge en l'occurrence, et se trouvait en face B, bien entendu. « Ça plane pour moi », devenu grâce à Plastic Bertrand une expression consacrée, était en effet à l'origine la face cachée de « Pogo Pogo », morceau qui initiait les punks débutants aux joies de cette danse musclée. Les deux titres étaient l'œuvre du producteur Francis « Lou » Deprijck, connu pour son travail avec Two Man Sound, et l'avenir démontrera d'ailleurs – à coups de procès – qu'il en fut également le chanteur, Plastic Bertrand n'étant qu'un prête-nom. Le texte était l'œuvre d'Yvan Lacomblez, l'autre membre de Two Man Sound. Quoi qu'il en soit, la chanson décolla pour devenir un tube planétaire, se classant dans le Top 10 des charts britanniques et se glissant même dans le Top 100 des ventes aux États-Unis. Trois accords, une mélodie sur une seule note, un texte futé et des « ouoh ouh ouh » rigolos… le 45 tours était joué. Fort de ce succès, Lou Deprijck sortit d'autres versions en anglais, sous le titre de « Jet Boy, Jet Girl », et sous le nom parodique d'Elton Motello (allusion à Elvis Costello).

Même s'il ne faisait rien d'autre, au final, que se trémousser sur les plateaux de télévision, Plastic Bertrand – de son vrai nom Roger Jouret – entama néanmoins une carrière de chanteur de variété sympathique et décalé, avant de se muer en animateur télé.

« Ça plane pour moi » eut de son côté une remarquable longévité. Les reprises sont légion et émanent pour l'essentiel d'outre-Manche et d'outre-Atlantique. Au Royaume-Uni, Kim Wilde et Richard Thompson se l'approprièrent tandis qu'aux États-Unis, le titre figure au répertoire de Vampire Weekend et de Sonic Youth, qui en produisit sans doute la version la plus intéressante.

TÉLÉPHONE (1977)

Face A : « Anna » Face B : « Hygiaphone/Métro (c'est trop) »

C'est aujourd'hui un objet de collection, mais le tout premier single de Téléphone, autoproduit, était un 33 tours deux titres enregistré en public au Bus Palladium, et comportant les deux grands succès à venir du groupe, « Hygiaphone » et « Métro (c'est trop) ». Refusant d'accorder la prééminence à l'un des deux titres, nos mômes de Paris avaient indiqué sur le label : « Cette face » et « L'autre face ». C'est muni de ce disque, vendu 5 francs à la fin de leurs nombreux concerts, que les quatre jeunes gens vont attirer l'attention de Pathé-Marconi et de Philippe Constantin, qui les signe pour trois albums. Le premier de ceux-là est réalisé à Londres sous la houlette de Mike Thorne dans un studio où enregistrent également leurs idoles, les Rolling Stones. Et cette fois, le choix de la maison de disques se porte sur « Hygiaphone » pour le premier 45 tours « officiel » de Téléphone, le titre collant parfaitement à leur nom et révélant le sens des textes futés et adolescents qui resteront la marque de fabrique de Jean-Louis Aubert. Pourtant, le morceau est d'abord relégué en face B, Pathé-Marconi choisissant de mettre en avant « Anna », titre aujourd'hui totalement oublié de leur playlist ! Le label rectifiera le tir quelques mois plus tard en sortant un EP avec « Hygiaphone » en vedette tandis que *Métro (c'est trop)* sera le deuxième single du groupe, avec le succès que l'on sait.

L'album sorti dans la foulée est diffusé à quelque 100 000 exemplaires et le rock français, en pleine vague punk, relève un peu la tête. Dès ces débuts, pourtant, des tensions se font jour entre Jean-Louis Aubert et ses complices Louis Bertignac, Corine Marienneau et Richard Kolinka, le chanteur estimant qu'il doit toucher l'essentiel des droits d'auteur en tant qu'auteur-compositeur des titres du groupe. Il finira par céder et Téléphone résonnera encore neuf ans avant de raccrocher.

DONNA SUMMER
109
CAN'T WE JUST SIT DOWN
(And Talk It Over)
ATLANTIC

DONNA SUMMER (1977)

Face A : « Can't We Just Sit Down »
Face B : « I Feel Love »

Révélée un an plus tôt par le chaud bouillant « Love to Love You Baby », Donna Summer récidiva l'année suivante avec « I Feel Love », succès monumental aujourd'hui considéré comme un tournant de la musique de danse. Avec ses mentors, l'Anglais Pete Bellotte et l'Italien Giorgio Moroder, la chanteuse américaine lancée en Allemagne proposa un effet un hymne disco entièrement électronique, toute la bande-son concoctée par Moroder étant jouée par des machines. La techno était née et l'impact de Donna Summer dans le monde des clubs s'affirmait encore. Planquée dans son pressage américain derrière un titre plus conventionnel, « Can't We Just Sit Down », sans doute en raison de son caractère expérimental, la chanson devint instantanément un classique des dance-floors, notamment dans les boîtes gay. Le titre avait été composé dans le cadre d'un concept album, *I Remember Yesterday*, censé décliner l'amour à travers les âges, « I Feel Love » illustrant l'amour et la musique du futur. Le titre eut en tout cas une influence considérable sur la production de musique de danse à venir et Brian Eno ou David Bowie ne cachèrent pas le choc ressenti à la première écoute du morceau. La face B éclipsa très vite la face A et « I Feel Love » se porta en tête des ventes au Royaume-Uni et au 6e rang des classements du Billboard aux États-Unis. Un remix produit en 1995 se classa à nouveau dans les hit-parades. Entre-temps, des remixes effectués notamment par le DJ Patrick Cowley en avaient fait l'hymne des backrooms, un engouement gay encore accentué par la version proposée en 1984 par Bronski Beat et Marc Almond, l'ex-chanteur de Soft Cell.

« J'avais déjà beaucoup travaillé avec les synthétiseurs et je ne me suis pas rendu compte que pour beaucoup d'auditeurs, ce titre sonnait vraiment totalement nouveau », expliqua Giorgio Moroder au *New Musical Express* en 1978.

THE WINGS (1977)

Face A : « Girls School » Face B : « Mull of Kintyre »

« Mull of Kintyre », l'hommage rendu par Paul McCartney à ce cap d'Écosse où il possède une ferme, illustre parfaitement tout ce qui sépare les Britanniques de leurs cousins américains. Alors que cette lancinante ballade écossaise, ponctuée de cornemuses, fut l'un des plus gros tubes de l'histoire du disque au Royaume-Uni, elle passa presque inaperçue aux États-Unis, où la face A, « Girls School », fut en revanche un succès.

Sorti pour Noël 1977, ce disque devint le premier 45 tours à dépasser les 2 millions de ventes en Grande-Bretagne. Un beau cadeau de fin d'année pour Macca et ses Wings, qui effaça même des tablettes son ancien groupe, les Beatles, alors détenteurs du record de ventes pour un single avec « She Loves You ». « Mull of Kintyre » demeura le 45 tours le plus vendu dans le pays jusqu'en 1984, où il fut détrôné par le « Do You Know It's Christmas ? » de Band Aid. Le titre est toujours aujourd'hui la chanson la plus vendue au Royaume-Uni à ne pas avoir servi pour une cause humanitaire. Ce fut également un numéro 1 dans de nombreux autres pays comme l'Allemagne, l'Irlande ou la Belgique, à l'exception de l'Amérique du Nord.

Aux États-Unis, « Girls School » se classa au 33ᵉ rang au Billboard, mais « Mull of Kintyre » ne parvint à se hisser dans le Top 100.

Paul McCartney n'a pas souvent eu l'occasion d'interpréter sur scène un titre qui réclame la présence de cornemuses, mais le fait néanmoins dans les grandes occasions.

« Je vis en Écosse une partie de l'année, Linda adorait l'Écosse et nous y sommes partis avec les enfants. Un jour, je me suis dit qu'il n'y avait pas de nouvelles chansons écossaises. Il y avait de vieilles complaintes, comme "Amazing Grace", mais rien de neuf. Je me suis dit que ce serait une bonne chose d'essayer », expliqua Paul McCartney à David Frost. C'est d'ailleurs à Kintyre qu'il partit se réfugier après la rupture des Beatles.

La chanson a été reprise à leur compte par de nombreux supporters de clubs de football, comme ceux de Nottingham Forest.

DANIEL BALAVOINE (1978)

Face A : « Si je suis fou »
Face B : « Le chanteur »

« Le chanteur » se trouvait sur la face B du 45 tours promotionnel proposé aux radios par Daniel Balavoine en 1978, derrière « Si je suis fou », joli titre tiré de l'album sorti simultanément. Heureusement, Barclay saura rectifier le tir et inverser les deux faces pour faire du « Chanteur » le premier méga-tube de celui qui allait devenir le porte-parole de sa génération. Pour Daniel Balavoine, « Le chanteur » était le titre de la dernière chance. Déçu de l'insuccès de ses premières tentatives discographiques, il se disait prêt à raccrocher si son disque ne se vendait pas à plus de 30 000 exemplaires. Il se vendra trente fois plus, passant le million ! Il est vrai que Balavoine avait enfin le vent en poupe après sa prestation dans le *Starmania* de Michel Berger et Luc Plamondon.

« Le chanteur » fut pourtant écrit en une demi-heure sur le coin d'une table du studio d'enregistrement, comme un de ces morceaux de dernière minute qui sont souvent des coups de génie. Balavoine en rédigea le texte presque en écriture automatique, retraçant la carrière d'un candidat au succès de la galère à la gloire, du succès au déclin… Claude François vient de mourir. Une génération prend la suite, qui met un peu de rock dans sa variété. Daniel Balavoine en sera le chef de file.

« J'veux mourir malheureux pour ne rien regretter. » Le chanteur n'en aura pas le temps, tué avec Thierry Sabine sur le Paris-Dakar. Mais sa carrière météorique doit tout à ce moment d'inspiration où il a tout joué à qui perd gagne.

Parmi les reprises du titre, on notera surtout celle de Jean-Louis Aubert en 2000.

Bee Gees

209026

STAYIN' ALIVE

Extrait de la Bande originale du film "Saturday night fever"

IF I CAN'T HAVE YOU

THE BEE GEES (1978)

Face A : « Stayin' Alive »
Face B : « If I Can't Have You »

En 1977, les Bee Gees investissent le château d'Hérouville, près de Pontoise, pour plancher sur la bande-son d'un film à paraître sur le disco et la vogue de la danse dans les boîtes de nuit américaine : *Saturday Night Fever*. La première chanson qu'ils enregistrent est « If I Can't Have You » et pourtant, leur version ne figurera pas sur la bande originale du film. C'est qu'entre-temps, Robert Stigwood, le magnat australien à l'origine du film et de sa bande-son, a décidé de confier le titre à une autre de ses protégées, Yvonne Elliman, qui devait à l'origine graver la ballade « How Deep Is Your Love ? » La version des Bee Gees ne sortira donc qu'en face B du deuxième 45 tours issu du film, *Stayin' Alive*, l'un des quatre numéros 1 consécutifs cosignés par Barry Gibb, le seul homme à avoir réussi un tel exploit dans l'histoire des charts américains. L'un de ces quatre titres est d'ailleurs la reprise d'Yvonne Elliman, qui se porte au sommet des ventes à la mi-mai 1978. Mal à l'aise dans l'ambiance disco, qu'elle estime réductrice, Yvonne Elliman cherchera par la suite à élargir sa palette sans trop de réussite.

Quinze ans après sa sortie, « If I Can't Have You » fut adaptée par la chanteuse britannique Kim Wilde pour la compilation de ses singles parue en 1993, et cette reprise se classa 12e dans les charts britanniques pour devenir son plus grand succès des années 1990.

Plus récemment, la chanteuse écossaise Sharleen Spiteri, voix de Texas, en proposa une mouture dans son album *The Movie Songbook*, paru en 2010.

BONEY M (1978)

Face A : « Rivers of Babylon »
Face B : « Brown Girl in the Ring »

Reprendre une chanson traditionnelle est souvent une méthode assez efficace pour s'assurer un tube, comme l'a démontré Ritchie Valens avec « La bamba », et c'est avec un standard du folklore jamaïcain que Boney M., pourtant déjà bardé d'énormes succès disco, va connaître son plus grand triomphe. Au printemps 1978, le groupe jamaïcain installé en Allemagne rend hommage à ses racines en reprenant un titre des Melodians de 1970, « Rivers of Babylon », dont le texte est tiré directement de la Bible.
Le titre se classe au sommet des charts britanniques et entre même dans le Top 30 du Billboard américain, le meilleur classement du groupe, qui ne connut jamais vraiment le succès outre-Atlantique.
Lorsque la vague retomba, le label de Boney M. ressortit le 45 tours avec sa face B, « Brown Girl in the Ring », au premier plan. Et cette comptine traditionnelle des Antilles britanniques se hissa à son tour à la 2e place des ventes au Royaume-Uni. L'ensemble atteignit les 2 millions de ventes outre-Manche, faisant de ce disque le troisième single le plus vendu en Grande-Bretagne.

Pourtant, cette réussite fut vite contrariée par les démêlés juridiques. Le producteur allemand de Boney M., Frank Farian, avait tout simplement oublié de créditer les Melodians lors du premier pressage, s'attribuant la paternité de « Rivers of Babylon ». Quant à « Brown Girl in the Ring », elle valut à Boney M. un double procès : la chanteuse du groupe, Liz Mitchell, avait déjà enregistré ce titre avec son groupe précédent, Malcolm's Locks, et son ex-partenaire estima qu'on avait plagié son arrangement. Le musicien bahaméen Exuma affirma pour sa part être le véritable auteur de « Brown Girl in the Ring » et réclama son dû. Le procès dura vingt ans…

Rivers
Of Babylon
Boney M.
Brown Girl
In The
Ring
HANSA
RECORDS
CARRERE

QUEEN (1978)

Face A : « We Are the Champions » Face B : « We Will Rock You »

Les Beatles avaient déjà popularisé le concept du simple « double face A », mais le single *We Are the Champions/We Will Rock You* est probablement l'illustration la plus éloquente de ce concept tant les deux titres furent des succès massifs et internationaux. L'un comme l'autre sont devenus des classiques des enceintes sportives, pour lesquelles ils avaient d'ailleurs été composés. L'idée est ainsi venue à Brian May – pour « We Will Rock You » – et à Freddie Mercury – pour « We Are the Champions » – à la fin d'un concert donné à Stafford, près de Birmingham, lors de la tournée britannique de Queen en 1977. À la fin de leur prestation, le public, au lieu d'applaudir en demandant un rappel, s'est mis à entonner « You'll Never Walk Alone » (voir ce titre). « Ce fut vraiment un moment émouvant et je pense que le côté incantatoire des deux titres vient de là », a déclaré Brian May par la suite. Les deux titres sont si étroitement liés – ils ouvraient également l'album *News of the World* – que Queen les interprète généralement l'un à la suite de l'autre sur scène. Lors de la sortie du disque, les radios n'hésitèrent d'ailleurs pas à enchaîner les deux morceaux. Ces deux facettes du talent du groupe sont en effet parfaitement complémentaires. « We Will Rock You » est d'une redoutable simplicité avec son beat martelé par des battements de pieds et de mains, son couplet plus crié que chanté et ce solo de guitare qui relance la machine. « We Are the Champions » est en revanche extrêmement mélodique, presque grand guignol, dans la tradition du Queen de « Bohemian Rhapsody ». Ce dernier titre a été élu chanson favorite dans le monde lors d'un sondage réalisé en 2005 par Sony Ericsson tandis qu'en 2011, une équipe de scientifiques établissait qu'il s'agissait du titre le plus accrocheur de l'histoire de la musique populaire !

Classé numéro 2 au Royaume-Uni et numéro 4 aux États-Unis lors de sa sortie, le single ressort régulièrement au gré des événements sportifs qui en ont fait leur hymne.

En 2000, une version de « We Will Rock You » du groupe Five grimpa au 1er rang des charts anglais, ce que l'original n'avait pas réussi à faire.

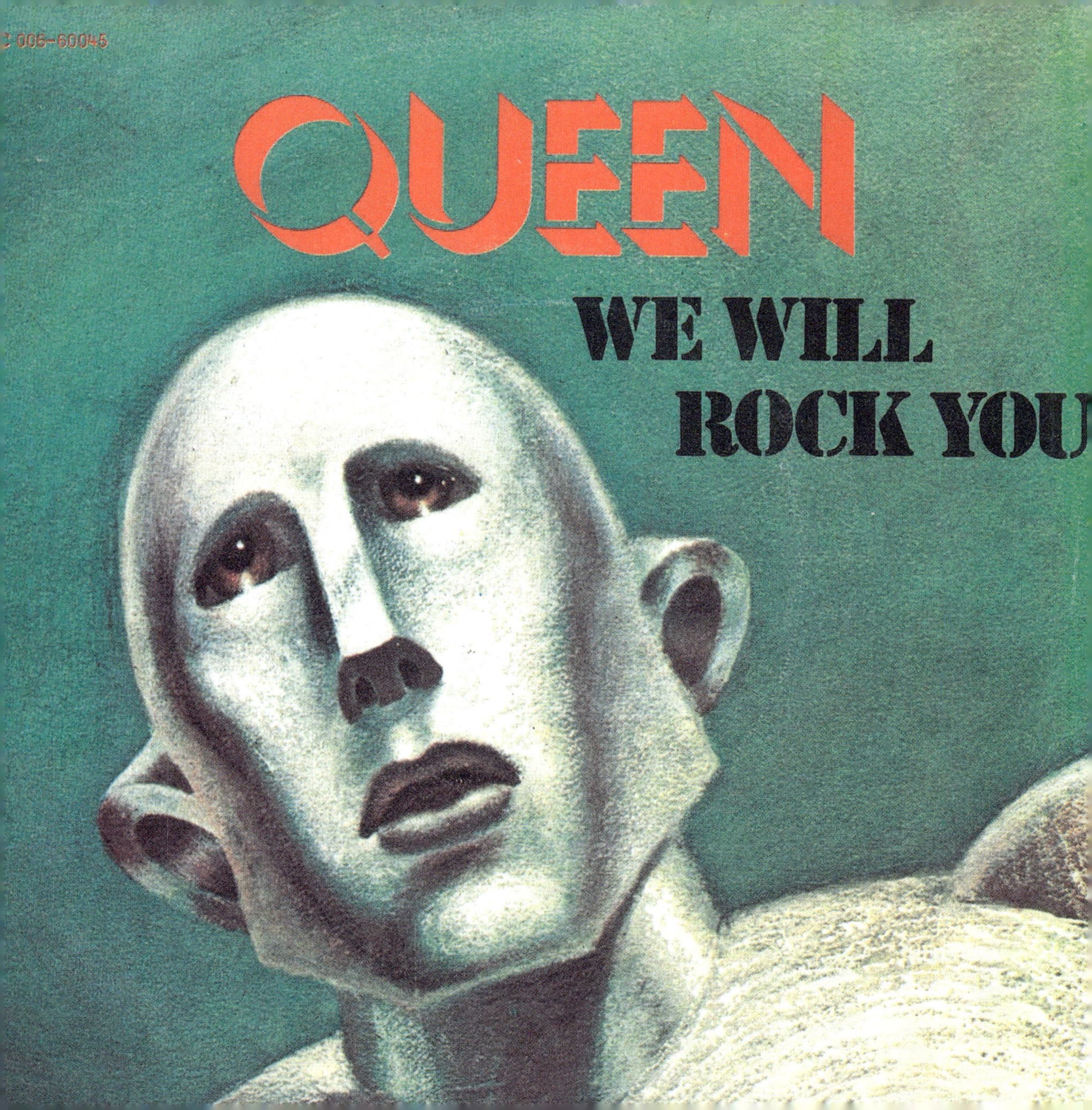
006-60045
QUEEN
WE WILL
ROCK YOU

ELVIS COSTELLO (1978)

Face A : « American Squirm »
Face B : « What's so Funny About Peace, Love and Understanding ? »

Peu de chansons ont figuré sur autant de faces B que « What's so Funny About Peace, Love and Understanding ? », le chef-d'œuvre de Nick Lowe, qui ne fut pourtant jamais réellement un succès avant de devenir un classique. À l'origine, en 1974, le titre fut pourtant une face A, celle d'un single du groupe Brinsley Schwarz dont Nick Lowe était le bassiste. Mais comme l'ensemble de la production de cette formation, aujourd'hui mythique, le 45 tours ne marcha pas. Devenu producteur à succès pour le label Stiff, Lowe fit enregistrer ce titre par ses protégés et c'est ainsi qu'Elvis Costello et les Attractions produisirent leur propre version. Celle-ci ne se retrouva d'ailleurs pas sur un disque du groupe, mais sur la face B d'un 45 tours de Nick Lowe lui-même, « American Squirm », et sous le nom de Nick Lowe and His Sound. Reste que la reprise de Costello et les versions qu'il en donna en concert furent du goût des fans et le titre fut ajouté au pressage américain de son album *Armed Forces*.

Bizarrement, Nick Lowe n'enregistra jamais ce titre en studio sous son nom, mais plaça des enregistrements en concert sur plusieurs de ses singles. En face B bien sûr. Parmi les autres artistes à avoir enregistré ce morceau – en face B, toujours... –, citons Midnight Oil, The Flaming Lips, Steve Earle ou The Wallflowers.

Mais la mouture qui rapporta le plus d'argent à Nick Lowe fut sans doute celle du chanteur de jazz Curtis Stigers, incluse dans le film *The Bodyguard*, dont la bande originale s'est vendue à 42 millions d'exemplaires dans le monde.

En 2004, « What's so Funny About Peace, Love and Understanding ? » devint l'hymne de la tournée « Vote for change » qui incitait les jeunes à se rendre aux urnes et à chasser George W. Bush de la Maison-Blanche. Dans ce cadre, la chanson fut interprétée par Bruce Springsteen, Bonnie Raitt, John Fogerty et les Dixie Chicks.

JEAN-PATRICK CAPDEVIELLE (1979)

Face A : « Tout au bout de la ville »
Face B : « Quand t'es dans le désert »

Journaliste, baroudeur, touche-à-tout, ami d'Eric Clapton et fan du Swinging London, Jean-Patrick Capdevielle a déjà vécu plusieurs vies lorsqu'il sort, à trente-quatre ans, son premier album, *Les enfants des ténèbres et les Anges de la rue*, et son premier 45 tours, *Tout au bout de la ville*. En face B, une chanson qu'il a composée vite fait et qu'il n'aime pas vraiment : «Quand t'es dans le désert». Ce sera pourtant le carton de l'année 1979, vendu à plus de 1,2 million d'exemplaires; à la fois un fascinant moment de gloire et une malédiction pour cet artiste complet, qui aura du mal à se défaire de ce titre qui lui colle à la peau.

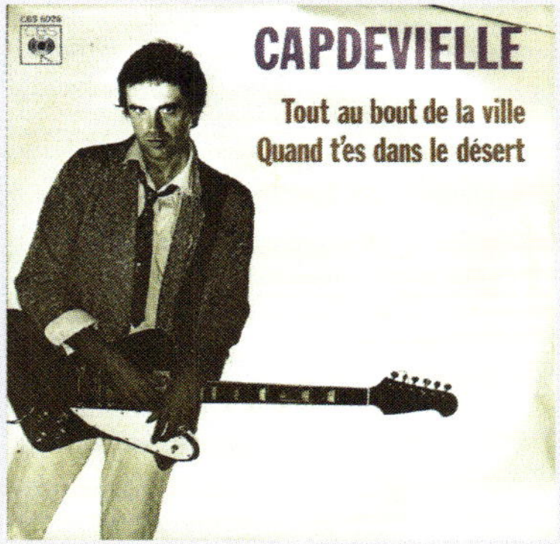

Beaucoup voient dans ce titre – et dans son succès – une critique acerbe des années Giscard puisque Capdevielle s'y réfère à «un gros clown triste» et à «un piètre accordéoniste», identifiés au Premier ministre Raymond Barre et au président Valéry Giscard d'Estaing. La critique parle de Bruce Springsteen, de Bob Dylan, influences réelles du garçon, et la musique lorgne du côté de Dire Straits, le groupe alors en vogue. Mais c'est surtout le refrain, éructé plus que chanté, et ponctué d'un «les yeux bandés!» repris en chœur par la foule, qui propulse cet hymne générationnel. Le succès de «Quand t'es dans le désert» entraîne dans sa foulée celui de l'album et du suivant, *Deux*... Et puis la traversée du désert commence, au moins pour le Capdevielle chanteur.

Malgré des albums de plus en plus ambitieux, la critique, les radios et par conséquent les fans se font plus difficiles. Réfugié chez lui à Ibiza, il redevient peintre et compose en 1997 un opéra en italien pour la chanteuse soprano Emma Shapplin, qui se vend à plus de 2 millions d'exemplaires à travers le monde.

Son retour en 2008 pour le très réussi *Hérétique 13* ne permet pas de faire oublier ses débuts. Et lorsqu'il est convié à la télévision, c'est sempiternellement pour réinterpréter cette face B qui le fit connaître...

Blondie

"SUNDAY GIRL"

"SUNDAY GIRL"

(French version)

Chrysali

BLONDIE (1979)

Face A : « Sunday Girl »
Face B : « Sunday Girl » (French version)

De nombreux artistes ont enregistré des versions de leurs succès dans plusieurs langues, Nana Mouskouri, Julio Iglesias, Demis Roussos ou Charles Aznavour étant des spécialistes en la matière. Mais peu ont placé une version étrangère sur la face B du 45 tours interprété dans sa version originale. C'est pourtant ce que fit Blondie en 1979 en couplant l'un des morceaux phares de l'usine à tubes que fut l'album *Parallel Lines*, « Sunday Girl », avec sa version française. Celle-ci fut adjointe au maxi-45 tours publié au Royaume-Uni et en face B du 45 tours sorti en France. Aux Pays-Bas, la version française eut même les honneurs de la face A. Pourtant, si le titre se plaça en tête des ventes en Angleterre, en Irlande et en Australie, il ne se classa que 40e en France, peut-être parce que, très honnêtement, on ne comprenait pas grand-chose à la prononciation de Debbie Harry !

Il faut noter cependant que le premier succès de Blondie, « Denis », était déjà une affaire anglo-française, puisque Debbie Harry avait intégré à cette reprise d'un succès de Randy & The Rainbows (1963) un couplet en français approximatif. La maison de disques du groupe avait alors exigé que le titre soit réenregistré dans un français grammaticalement correct. Mais finalement la première version fut gardée, au détriment de la grammaire.
La version de « Sunday Girl », seulement créditée à Chris Stein, est en revanche écrite dans un français plus correct, légèrement branché – comme on disait alors – et seulement épicée d'un ou deux anglicismes.

PIERRE PERRET (1979)

Face A : « Estelle »
Face B : « Mon p'tit loup »

Pierre Perret s'est fait connaître comme un roi de la gaudriole et de la gauloiserie bien sentie, un esthète du franc-parler, un lettré de la noblesse de l'argot. Et puis il y a l'autre facette du personnage, sa face cachée, sa face B. Et elle recèle les vraies merveilles de son répertoire, comme « Lily », chanson exemplaire contre le racisme, ou « Mon p'tit loup », berceuse tout en finesse, comptine tendre, tentant avec amour de consoler l'inconsolable. C'est en effet du viol de l'enfance que traite sans avoir l'air d'y toucher cette chanson de rien, mais qui dit tout, sans rien montrer. Pierre Perret a expliqué qu'il avait mis trois ans pour ciseler ce texte et le rendre le plus juste possible. Jusqu'à l'enregistrement, en mars 1979, l'auteur avait laissé le mot « viol » alourdir ses paroles. C'est à la dernière minute qu'il l'a retiré pour le remplacer par une allusion à Mahler. Tout dans « Mon p'tit loup » est dans la suggestion et dans la magie de la longue énumération, aussi touchante que dérisoire, de ces mille et un plaisirs que réserve encore la vie même lorsqu'elle a été meurtrie. Voyages, horizons infinis, lecture et mélodies...

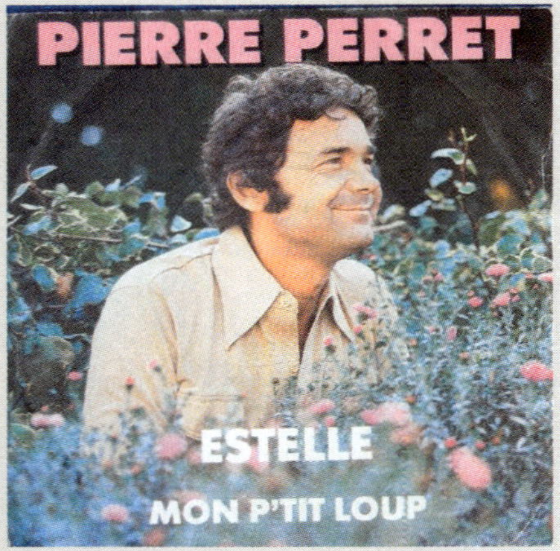

Par pudeur, sans doute, « Mon p'tit loup » fut publiée en face B d'« Estelle » lors de sa sortie en 45 tours. Mais c'est une fois de plus cette face B qui reste et demeure l'un des moments les plus émouvants des concerts de notre tendre déconneur.
Et comme la chanson fait parfois des miracles, le texte de Perret, long bouquet de promesses intenables, a pris vie en 2009 lorsque le père d'un enfant handicapé moteur cérébral a créé l'association « Mon P'tit Loup » et entrepris de relever avec son fils tous les défis lancés par la chanson. Cette même année, le père et le fils ont escaladé le Kilimandjaro, puis ils ont participé au Marathon de Paris et envisageaient de se rendre à Madrid pour y admirer les œuvres de Goya, comme la chanson les y incitait.
Il est des faces B qui déplacent des montagnes !

THE JAM (1980)

Face A : « The Dreams of Children »
Face B : « Going Underground »

« Going Underground », le premier numéro 1 des Jam en Angleterre, doit peut-être son succès météorique à la France, et plus précisément à une usine de pressage française. Le 45 tours devait, à l'origine, mettre en avant la chanson « The Dreams of Children », mais une erreur de manipulation lors de l'impression du disque inversa les titres, transformant l'enregistrement en un single à double face A. Ce fut un mal pour un bien puisque « Going Underground » grimpa immédiatement en tête des charts britanniques et devint le premier de quatre numéros 1 pour le trio au Royaume-Uni. Le groupe se trouvait aux États-Unis au moment de l'avènement du disque et annula aussitôt sa tournée pour rentrer à la maison et en assurer la promotion. La conquête de l'Amérique pouvait attendre. Elle ne vint d'ailleurs jamais !

On se demande aujourd'hui, à la réécoute de « The Dreams of Children », comment ce morceau mélodique et percutant des Mods de Woking a pu se voir préférer sa face cachée. Le titre, l'une des plus grandes réussites du compositeur et leader du groupe, Paul Weller, est devenu un classique, plébiscité par les fans, et fut logiquement retenu parmi les titres mis en vedette au cours de la cérémonie d'ouverture des Jeux olympiques de Londres.

Si « Start », « A Town Called Malice » et « Beat Surrender » furent les autres numéros 1 des Jam au cours des deux années suivantes, la fin était proche pour le groupe le plus populaire de Grande-Bretagne au début des années 1980. Lassé de reproduire une formule qui fonctionnait presque à son corps défendant, Paul Weller se préparait à explorer de nouveaux territoires musicaux. Il quitta le groupe en 1982, au faîte de la gloire. Sa carrière se poursuivit avec le Style Council, puis en solo pour en faire le musicien le plus respecté de son pays alors qu'il n'obtient qu'un succès d'estime outre-Manche.

Et contrairement à tous ses contemporains, Weller a toujours refusé de reformer le groupe de sa jeunesse : une forme d'intégrité.

KRAFTWERK (1981)

Face A : « Computer Love » **Face B : « The Model »**

Il fallut attendre 1981 pour voir un 45 tours allemand atteindre le sommet des charts au Royaume-Uni. Et ce fut grâce au plus inattendu des tubes, « The Model » de Kraftwerk, groupe avant-gardiste soudain égaré dans l'univers de la pop. Avec son synthé minimaliste, son rythme de valse triste et son texte doux-amer où un chanteur à la voix blanche déclare sa flamme aux gravures de mode inaccessibles, le titre est pourtant totalement imparable. Et il fut un immense succès dans son pays d'origine puis dans le reste du monde, un peu contre la volonté de ses auteurs. L'original, « Das Model », était ainsi paru en face B lors de sa sortie en 1978 en Allemagne et le titre fut à nouveau relégué côté pile, trois ans plus tard, dans sa version anglaise. Le groupe, exigeant et précurseur, lui préférait « Computer Love », tiré de l'album *Computer World* sorti la même année. Cette face A évoquait des relations amoureuses nouées par ordinateur, quinze ans avant l'apparition d'Internet ! Mais les DJ's ne l'entendirent pas de cette oreille et firent de « The Model » le deuxième grand succès commercial de Kraftwerk après « Autobahn » quelques années plus tôt.

C'est un lieu commun aujourd'hui d'écrire que la formation allemande articulée autour de Ralf Hütter, seul membre original encore actif, fut l'une des plus novatrices de l'histoire de la musique populaire. Préfigurant la techno, la dance music mais aussi le hip-hop, Kraftwerk fut sans doute le premier ensemble à faire swinguer les machines, à les rendre étrangement humaines, tout en livrant un documentaire sonore sur un monde de plus en plus mécanisé et déshumanisé. Le modèle dont s'entiche le chanteur de cet étrange numéro 1 apparaît ainsi comme une machine comme les autres, lointaine et dénuée de sentiment. Ou pas…

En réalité, Kraftwerk eut la chance, en cette occasion, de sortir un titre qui collait parfaitement à son époque, où les groupes synthétiques comme Tubeway Army ou Human League faisaient fureur en Angleterre.

ART OF NOISE (1983)

Face A : « Beat Box »
Face B : « Moments in Love »

Ou comment quatre notes de musique répétées de manière hypnotique inventent ce que l'on va appeler l'« ambient » et composent la bande-son sensuelle des années 1980. Déclinés en multiples versions de sept à dix minutes, ces « Moments in Love » sont l'un des morceaux les plus connus d'Art of Noise, utilisé dans d'innombrables génériques, publicités et fonds sonores. Le seul texte est le titre du morceau lui-même, susurré par Camilla Pilkington. « Moments in Love » fut même jouée au mariage de Madonna avec Sean Penn. Le titre, crédité à l'ensemble du groupe – Anne Dudley, Gary Langan, J.J. Jeczalik, Paul Morley, Trevor Horn – a également été samplé à de nombreuses reprises, et notamment par Mya et LL Cool J. Depuis, il est sans cesse mixé, remixé et malaxé par des centaines de DJ's à travers le monde. Le groupe en a lui-même fourni de nombreux remixes thématiques (« Quiet Storm », « Rain »).

Il fut d'abord publié en 1983 en face B du premier EP d'Art of Noise, *Into Battle with the Art of Noise*, puis dans l'album *Who's Afraid of the Art of Noise*? avant d'être réédité en single en 1985 à l'occasion du film *Pumping Iron 2*, dont il était la bande-son.

Anne Dudley en fournira pour sa part une version orchestrale dans son album *A Different Light* en 2001.

YES
LEAVE IT

YES (1983)

Face A : « Leave It »
Face B : « Leave It (a cappella) »

La répétition du titre de la face A en version instrumentale est un classique de la face B. Pourtant, rares sont les artistes à avoir tenté l'option inverse et à éliminer les instruments de la deuxième face pour proposer une mouture a cappella de la même chanson. C'est pourtant ce que fit le groupe Yes en 1983 avec leur single *Leave It*. Titre de leur album *90125*, le « Leave It » instrumental figura lui-même en face B du 45 tours à succès *Owner of a Lonely Heart*, issu du même album, avant d'être réédité par lui-même avec cette face B entièrement vocale.
La chanson se hissa au 24e rang du classement des ventes aux États-Unis en 1984.
« Leave It » incita d'ailleurs indirectement le chanteur Jon Anderson à quitter le groupe, devenu l'otage du succès de *Owner of a Lonely Heart*, qui poussait leur label à sortir 45 tours sur 45 tours dans l'espoir de rééditer les ventes de ce tube, numéro 1 dans le monde entier. Jon Anderson, qui n'a d'ailleurs pas écrit une ligne de « Leave It », expliqua qu'en raison du succès du titre précédent, ils furent autorisés à tourner dix-sept versions différentes du clip promotionnel.

Le guitariste Trevor Rabin expliqua pour sa part que la chanson, et a fortiori sa version a cappella, met l'accent sur les parties vocales parce que le groupe ne parvenait pas à trouver une rythmique adéquate. Les parties de basse et de batterie du couplet sont donc chantées, à la manière des groupes de doo-wop des années 1950.

TRACEY ULLMAN (1983)

Face A : « They Don't Know »
Face B : « The B Side »

Malgré sa popularité comme chanteuse au début des années 1980 (voir « Breakaway »), Tracey Ullman était à l'origine une comédienne et même une comique. C'est ainsi qu'elle régla le problème épineux de la face B de son plus grand succès discographique, « They Don't Know », numéro 2 en Angleterre en 1983, en y en plaçant un sketch dont le thème était… les faces B ! Morceaux choisis :

« Les faces B ? Non, je ne les écoute jamais. Enfin, si, j'en ai mis une, une fois, mais je croyais que c'était la face A. Je me suis dit : tiens, ça c'est drôle ! Que fait cette face A sur la face B ! ? Je me suis dit qu'ils s'étaient peut-être trompés. Et je me suis dit que peut-être ce disque valait beaucoup d'argent. Vous savez, comme les timbres qui ont un défaut. Ils valent beaucoup plus cher. Mais là ? Non… »

« Les faces B ? Franchement, je ne comprends pas pourquoi on en met. Pourquoi devons-nous acheter deux faces pour un single ? Ce que je veux dire, c'est que si les singles n'avaient que la face A, ils coûteraient deux fois moins cher, non ? »

Et la farce se poursuit avec l'interview d'une spécialiste des faces B, qui avoue avoir commencé par les faces F et G, sans parvenir à en vivre…

Bref, du remplissage assez rigolo, qui a le mérite de poser les vraies questions auxquelles cet ouvrage tente maladroitement de répondre.

Depuis le milieu des années 1980, Tracey Ullman est retournée à la comédie et, émigrée aux États-Unis, y est devenue une animatrice de télévision populaire.

DALIDA (1983)

Face A : « Les p'tits mots »
Face B : « Mourir sur scène »

Michel Jouveaux et Jeff Barnel, auteur et compositeur attitrés de Dalida depuis de longues années, ont-ils senti la fracture et la fin proche de la chanteuse en lui offrant, en 1983, « Mourir sur scène », l'une des chansons les plus marquantes de son répertoire ? Le titre fut en tout cas prémonitoire et expliquait, quatre ans avant le départ définitif de Yolanda Gigliotti pour un monde meilleur, l'amour de cette femme écorchée pour son métier et son public.

« Ma vie a brûlé sous trop de lumières
Je ne peux pas partir dans l'ombre. »

Pourtant, ce moment fort de tous les galas qu'allait donner par la suite Dalida ne parut à l'origine qu'en face B du titre « Les p'tits mots », peut-être parce que la mort, par tradition, se retrouve plutôt sur la face cachée des microsillons. Il devint cependant un point d'orgue des concerts de la chanteuse, une intense communion avec ses fans, et ce jusqu'à son ultime représentation en public en 1987 à Antalya, station balnéaire du sud de la Turquie.

L'album dont le titre est issu (*Les p'tits mots*) est d'ailleurs très autobiographique puisqu'il évoque les amours déçues, l'absence d'enfants (« Lucas ») et la solitude (« Téléphonez-moi »).

Dalida sentit cependant tout de suite qu'elle avait signé là un classique puisqu'elle enregistra elle-même des versions en anglais (« Born to Sing »), en italien (« Quando Nasce un Nuovo Amore ») et en espagnol (« Morir cantando »).

« Born to Sing » fut d'ailleurs interprétée en 1986 par la chanteuse galloise Shirley Bassey tandis qu'en France, Julien Doré se risqua à reprendre « Mourir sur scène » lors de son passage dans l'émission *Nouvelle Star*.

PETER & SLOANE (1984)

Face A : « **Ma vie avec toi, ta vie avec moi** »
Face B : « **Besoin de rien, envie de toi** »

S'ils ne resteront sans doute pas dans l'histoire comme le plus grand duo de la chanson française, Peter & Sloane (de leur vrai nom Jean-Pierre Savelli et Chantal Richard) y occupent néanmoins une place en tant qu'interprètes du premier numéro 1 du Top 50 de Canal Plus en 1984. Il s'en fallut pourtant de peu que « Besoin de rien, envie de toi » passe inaperçue, puisque leur label avait à l'origine retenu comme face A de leur 45 tours le slow « Ma vie avec toi, ta vie avec moi ». Ce titre ne convainquit personne et fut boudé par les radios. Comme souvent, un animateur eut l'audace de retourner le disque et d'y découvrir cette chanson simple et entraînante, qui fit alors les beaux jours d'Europe 1 et de RTL. La voie du succès était ouverte et la première version du single promptement remplacée par une deuxième mettant en vedette la face B d'origine.

Le 4 novembre 1984, Peter & Sloane décrochaient la timbale. Et pourtant, eux-mêmes n'auraient jamais dû enregistrer ensemble puisqu'ils s'étaient rencontrés par hasard en enregistrant chacun de leur côté au studio du palais des Congrès. Décidés à graver « Ma vie avec toi, ta vie avec moi », composition de Jean-Pierre Savelli, ils eurent besoin d'une face B que Chantal Richard alias Sloane composa au débotté !

Peter et Sloane
BESOIN DE RIEN, ENVIE DE TOI
MA VIE AVEC TOI...
PX 818
DEESSE

PRINCE (1984)

Face A : « Let's Go Crazy »
Face B : « Erotic City »

Un auteur aussi prolifique et talentueux que Prince ne pouvait manquer de produire d'excellentes faces B, et la plus connue de toutes reste sans doute « Erotic City », verso de son deuxième numéro 1, « Let's Go Crazy », morceau d'ouverture de l'album *Purple Rain*. Pur moment de funk électronique, typique des morceaux « dance » de son auteur, le titre devient presque aussi populaire que sa face A et fit l'objet de plusieurs remixes, dont le plus célèbre, baptisé « Erotic City (Make Love Not War Erotic City Come Alive) », dure 7'24" et sortit en single en Allemagne. Prince n'a pas caché que ce morceau a été directement influencé par George Clinton et qu'il l'a écrit au sortir d'un concert de Parliament, le groupe de ce dernier. George Clinton a d'ailleurs repris « Erotic City » en 1994 pour le film *PCU*. Cette face B est aussi une date dans la carrière de Prince puisqu'on y entend, pour la première fois, Sheila E, la choriste qui allait devenir pendant quelque temps sa muse.

Comme tout titre de Prince, surtout dans ce registre, « Erotic City » eut droit à sa controverse puisque le texte contient la phrase *« we can fuck until dawn »*, dont Prince a prétendu qu'il fallait entendre *« funk »* au lieu de *« fuck »*. La prude Amérique a tiqué et la Federal Communication Commission, l'équivalent du CSA français, a infligé des amendes à certaines radios qui avaient passé ce morceau.

THE SMITHS (1984)

Face A : « William It Was Really Nothing »
Face B : « How Soon Is Now ? »

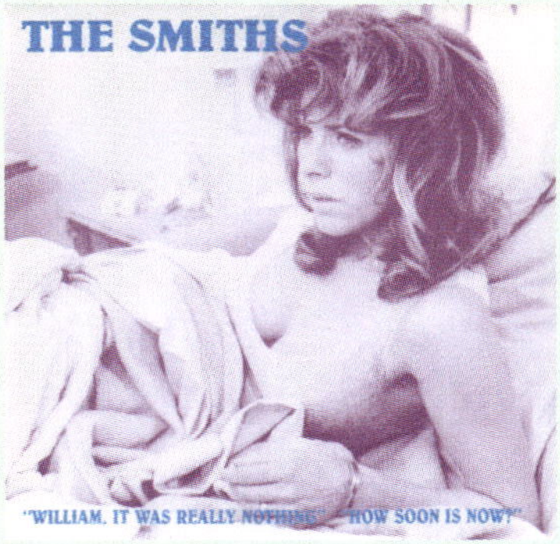

Pour Johnny Marr, le guitariste des Smiths, qui en a écrit la musique, « How Soon Is Now ? » est « sans doute la plus durable » de toutes les chansons du groupe phare des années 1980. Favorite des fans, cette chanson un peu atypique dans le répertoire de Morrissey et de ses complices ne fut pourtant à l'origine qu'une face B, ce qui nuisit sans doute plus à son impact commercial qu'à sa cote d'amour auprès du public. La décision en incombe au patron du label Rough Trade, Geoff Travis, qui, trouvant la composition trop longue, et trop inhabituelle pour le son des Smiths, refusa de la sortir en face A et imposa « William It Was Really Nothing ». Le producteur John Porter, persuadé de tenir là enfin *le* tube qui permettrait au groupe de percer aux États-Unis, insista pour qu'elle soit au moins laissée sous le coude pour une sortie future en tant que single. En pure perte. Placée au verso, elle ne put donner son plein potentiel et lorsqu'elle ressortit enfin en 45 tours, un an plus tard, la plupart des fans la possédaient déjà et ce fut un relatif échec.

« How Soon Is Now ? » est aujourd'hui considérée comme l'un des titres les plus marquants des années 1980 et se trouve régulièrement citée dans les palmarès et classements des meilleures chansons de la période.

« C'est notre chanson que le public préfère », résume Johnny Marr, tandis que Seymour Stein, patron du label Sire, estime qu'elle fut aux années 1980 ce que le « Stairway to Heaven » de Led Zeppelin avait été aux années 1970. Une sorte d'hymne générationnel.

Cette complainte sur la difficulté de trouver l'amour – notamment dans les soirées factices des clubs – fit l'objet de nombreuses reprises, dans l'ensemble plutôt ratées. Morrissey, qui en écrivit le texte désillusionné, avoua cependant un faible pour la version du duo russe t.A.t.U., paru en 2003.

BRUCE SPRINGSTEEN
DANCING IN THE DARK

BRUCE SPRINGSTEEN (1984)

Face A : « Dancing in the Dark »
Face B : « Pink Cadillac »

Même le Boss peut se tromper. En 1982, Bruce Springsteen refusa de voir « Pink Cadillac », la face B de « Dancing in the Dark », le single issu de *Born in the USA*, repris par Bette Midler, arguant que ce n'était pas « une chanson pour les filles ». Et il est vrai que le titre, composé pendant les sessions de *Nebraska*, puise largement dans le patrimoine un peu macho du rock'n'roll puisqu'il lorgne chez Elvis Presley pour les paroles, et du côté du thème de la série policière *Peter Gunn* pour la musique. Jerry Lee Lewis ne s'y trompa pas, qui reprit ce morceau en 2006, avec son auteur aux chœurs. Un autre pionnier du rock'n'roll, Carl Perkins, s'y frotta aussi en 1992. Comme dans la plupart des chansons ayant pour thème la bagnole, celle-ci est considérée comme un piège à filles, ou encore comme une métaphore de la femme elle-même. Bref, si « Pink Cadillac » fut l'un des intermèdes « roots » et enjoués de la tournée *Born in the USA*, elle n'obtint pas une énorme audience discographique.

Et puis au milieu des années 1980, le producteur Dennis Lambert parvint à convaincre Natalie Cole, plus connue pour son répertoire de soul soft, d'enregistrer ce titre viril. Elle le fit avec réticence, mais le résultat convainquit suffisamment EMI pour que « Pink Cadillac » figure sur son album *Everlasting*, paru en 1987. Cette version groovy fut même choisie comme le troisième single extrait du disque. Et voilà que cette reprise touchait juste et se hissait jusqu'au 5e rang du Hot 100 du Billboard en 1988. Un succès inattendu que Bruce Springsteen reconnut à sa juste valeur, avouant qu'il n'avait jamais pensé qu'une femme puisse ainsi rendre justice à sa composition.

MADONNA (1985)

Face A : « Angel »
Face B : « Into the Groove »

« Into the Groove » fut élue « chanson de danse des années 1980 » par le Billboard, le tout-puissant organe de l'industrie musicale américaine. Et pourtant, le tube de Madonna ne sortit jamais en simple aux États-Unis, devant se contenter de la face B d'un maxi-45 tours dont la face A était « Angel ». Échaudée par l'expérience des deux singles précédents de Madonna, *Crazy for You* et *Material Girl*, sortis simultanément, au détriment des ventes, la maison de disques de la chanteuse préféra éviter de récidiver, d'où ce choix… Hymne à danser écrit par Madonna en hommage à un beau Portoricain sur lequel elle avait des vues, le titre qu'elle destinait à une autre chanteuse trouva finalement sa place dans la bande-son du film *Recherche Susan désespérément*. En raison du succès du film, elle figura dans une réédition de son deuxième album, *Like a Virgin*, sortie en 1985, puis en face B d'« Angel ».

En dehors de l'Amérique du Nord, « Into the Groove » parut en revanche en single, et arriva en tête des ventes dans de nombreux pays, dont l'Italie et le Royaume-Uni, où le titre fut le premier numéro 1 de la chanteuse.

« Le dance-floor était un lieu magique pour moi. J'ai commencé par vouloir être danseuse et cela a fortement inspiré cette chanson », confiera Madonna par la suite.

Elle interprète depuis ce morceau dans tous ses concerts et lors de toutes ses tournées. En 2003, elle enregistrera un remix de la chanson pour une publicité avec le rappeur Missy Elliott et des paroles légèrement modifiées.

Les reprises d'« Into the Groove » sont nombreuses et souvent intéressantes, comme les versions de Sonic Youth ou de la chanteuse italienne Mina. En France, c'est le groupe Superbus qui réinterprète le morceau sur son album *Aéromusical*.

MADONNA ANGEL

LAURENT VOULZY (1985)

Face A : « Les nuits sans Kim Wilde »
Face B : « Belle-Île-en-mer, Marie-Galante »

Avec le temps, « Belle-Île-en-mer, Marie-Galante » est devenue la chanson la plus aimée de Laurent Voulzy, et sans doute la plus connue avec « Rockollection ». Et pourtant, cette superbe ballade sur les îles et l'éloignement, nommée chanson des années 1980 lors des Victoires de la Musique 1990, faillit passer totalement inaperçue.

« Une fois par an avec mes parents, on venait passer une journée à Belle-Île, j'en ai été très marqué », confia Laurent Voulzy à TF1 en 1994.

« La chanson était la face B d'un 45 tours, *Les nuits sans Kim Wilde*, et je n'y ai plus pensé parce que je travaillais déjà sur un autre disque. Un jour en revenant d'une promenade dans le Val-de-Marne, j'entends une station qui passe "Belle-Île", et je l'entends comme si c'était la chanson d'un autre. Je me dis : cette chanson, elle est belle, et j'ai appelé les gens de la maison de disques en leur disant qu'il y avait un truc qui se passait avec cette chanson et que peut-être que cela valait le coup que les gens l'entendent. Ils ont retourné le disque, et c'est comme ça que les radios ont commencé à la passer. Elle sort des oubliettes, cette chanson. C'est assez extraordinaire. »

Depuis, ses fans entonnent sans se lasser la plus belle mélodie du plus grand mélodiste français de sa génération. Un homme à deux faces, la métropolitaine et l'insulaire.

La Compagnie Créole en fit une reprise sensible et ensoleillée en 1987.

NEW ORDER (1987)

Face A : « True Faith »
Face B : « 1963 »

Voilà un bon moyen de recycler d'excellentes faces B dont les fans ne disposent pas toujours : on en fait les faces A du single extrait d'un best of. C'est ce que fit New Order avec « 1963 », sorti à l'origine en 1987 au verso de « True Faith », le premier grand succès international du groupe mancunien, et notamment aux États-Unis, où le single atteignit la 32e place des charts. Jolie ballade entraînante, « 1963 » conte pourtant la triste histoire d'un meurtre passionnel. Le jour de son anniversaire, un homme demande à sa femme de fermer les yeux pour qu'elle ne voie pas la surprise qu'il lui a préparée : c'est un fusil chargé avec lequel il va l'abattre ! Comme le nota le producteur Stephan Hague : « C'est la seule chanson sur la violence domestique sur laquelle on peut danser ! »

Dans un ouvrage sur le groupe, son parolier, Bernard Sumner, laissa entendre qu'il s'agissait d'une chanson sur l'assassinat de John Fitzgerald Kennedy, mais il n'en est rien.

Le titre, remixé par Arthur Baker, reparut en single en 1995 à l'occasion de la sortie de *The Best of New Order* un an plus tôt.

Cette version, soutenue par un joli clip réalisé par l'ancienne guitariste des Raincoats, Gina Birch, se classa 28e dans les charts britanniques.

LES RITA MITSOUKO (1987)

Face A : « Andy »
Face B : « Un soir, un chien »

En juin 1987 sort le 45 tours promotionnel pour le deuxième album de Rita Mitsouko, *Andy/Un soir, un chien*. La pochette annonce la couleur : « les 2 faces A des Rita Mitsouko ». Ce sera aux radios et au public de trancher : « Andy » ou « Un soir, un chien ». Et le vainqueur est... « Andy » ! Et voilà le pauvre chien de la deuxième face A de ce single relégué en face B. On comprend pourtant que le groupe – qui se fait désormais appeler LES Rita Mitsouko pour bien signaler qu'il ne s'agit pas du nom de la chanteuse – ait hésité. « Un soir, un chien » est une belle complainte sur la condition canine et cet amour désintéressé et vain des chiens pour les hommes. Claude Nougaro avait concocté un texte assez proche avec « Maîtresse ». Musicalement, c'est un peu Marvin Gaye rencontrant Nina Hagen, le tout sur le mode retenu et sensuel, dans une production de Tony Visconti, le bras droit de David Bowie. Bref, cela aurait dû marcher. Mais les suffrages allèrent à l'hommage rendu au poivrot de bande dessinée Andy Capp et à sa mélodie stridente et enivrante. « Andy » figurera dans la bande-son de films d'André Téchiné et de Pierre Salvadori et un remake de Jesse Johnson affolera les dance-floors américains.

On peut notamment entendre et réentendre « Un soir, un chien » dans *Soigne ta droite*, le film de Jean-Luc Godard sorti en novembre 1987. Le réalisateur y a filmé « les Rita » comme jadis il avait filmé les Stones dans *One plus one*.
Mais le titre restera dans l'ombre, attaché à sa chaîne, tandis qu'« Andy » devint le deuxième grand succès du duo et que l'album *Les Rita Mitsouko présentent The No Comprendo* fut plébiscité, recevant le prix de l'Académie Charles-Cros et une Victoire de la Musique.

U2 (1987)

Face A : « Where the Streets Have no Name »
Face B : « Sweetest Thing »

En 1998, lorsqu'il fallut choisir un single pour promouvoir leur *Best Of 1980-1990*, U2 opta pour « Sweetest Thing », une chanson qui n'avait pourtant pas eu les honneurs d'une face A lors de sa sortie initiale en 1987. Elle se trouvait alors adossée à *Where the Streets Have no Name*, single issu de l'album *The Joshua Tree*. Le chanteur du groupe, Bono, avait écrit cette chanson en forme de message à son épouse, Alison Hewson, pour s'excuser d'avoir raté son anniversaire en raison de l'enregistrement prolongé de cet album. Dans le clip réalisé par Kevin Godley, ancien leader du groupe 10cc, Bono circule en calèche dans les rues de Dublin et tente de rameuter en chemin des célébrités et amis pour se joindre à la fête anniversaire de sa moitié. Parmi ces derniers, on reconnaît par exemple le groupe Boyzone ou les Chippendales. Pas rancunière, Ali Hewson exigea cependant que les recettes du disque soient versées au Projet international pour les Enfants de Tchernobyl, association dont elle est une marraine.

Pour la promotion du titre, le label Island distribua des chocolats enveloppés dans du papier à l'effigie de la pochette. La chanson se classa numéro 1 en Irlande, numéro 3 au Royaume-Uni et dans le Top 20 des ventes en France.

Le texte parle d'« un garçon aux yeux bleus et une fille aux yeux marron », à la fois référence à la couleur des yeux de Bono et d'Ali Hewson et à leurs goûts musicaux, Frank « Blue eyes » Sinatra ainsi que Van Morrison et sa chanson « Brown Eyed Girl ».

XTC (1987)

Face A : « Grass »
Face B : « Dear God »

Dissimulée en face B de « Grass », « Dear God » fut rapidement exhumée par les programmateurs de radio attentifs pour devenir le plus grand succès de XTC après « Making Plans for Nigel ». Ballade poignante ciselée par Andy Partrigde, le leader du groupe, c'est une lettre adressée à Dieu par un enfant, lui demandant pourquoi, s'il existe, il tolère les atrocités commises chaque jour à travers le monde. Le premier couplet est interprété par la fille d'un ami du producteur Todd Rundgren, Jasmine Veillette, et cette voix enfantine ajoute encore une touche de naïveté troublante au texte. Non retenue à l'origine dans l'album *Skylarking*, « Dear God » y fut promptement rajoutée lors d'une réimpression.

En réalité, c'est Andy Partridge lui-même qui refusa d'y inclure le titre : « C'est un sujet tellement grave avec lequel je me débats depuis tant d'années, comment pouvais-je le régler en trois minutes ? Je ne la voulais pas sur l'album parce que je pensais ne pas l'avoir réussie. Pour moi, c'était un ratage formidable... »

En raison de son contenu mettant en doute l'existence de Dieu et la pertinence de la Bible, le disque suscita bien évidemment la polémique. Des magasins de disques refusèrent de le distribuer, d'autres, ainsi que des radios qui l'avaient diffusé, reçurent des alertes à la bombe. Plus tard, un adolescent de Binghampton, dans l'État de New York, prit la secrétaire de son collège en otage et exigea que « Dear God » soit diffusée sur les haut-parleurs de l'établissement.

En dépit de la controverse, la chanson fit connaître XTC aux États-Unis et son clip fut élu vidéo de l'année par le magazine *Billboard*.

Le rappeur Tricky en effectua une reprise dans son album *Vulnerable* en 2003.

PUBLIC ENEMY (1989)

Face A : « Black Steel in the Hour of Chaos »
Face B : « B Side Wins Again »

En 1990, Public Enemy sort son troisième album *Fear of a Black Planet*, qui reste sans doute à ce jour son plus abouti et l'un des monuments de la culture rap. Foisonnante d'un point de vue musical, bouillonnante sur le plan intellectuel et politique, cette œuvre, gorgée de samples et d'idées, n'a pas pris une ride et reste d'une extraordinaire modernité. Public Enemy a travaillé longtemps à ce disque pour le peaufiner, lui donner de la profondeur et en faire un peu aux années 1990 ce que le « What's Going On? » de Marvin Gaye avait été à la fin des années 1960. Dès 1989, les fans du groupe avaient pourtant eu un avant-goût de ce qui les attendait avec la sortie du single *Black Steel in the Hour of Chaos*, comportant en face B « B Side Wins Again » (« La face B gagne encore ») qui allait devenir un classique de Chuck D et de ses troupes. Cet hommage à la face B n'est évidemment pas à prendre au pied de la lettre, même si, dans la culture hip-hop, la face cachée des singles de soul ou de funk, qui comportait souvent la version instrumentale d'un succès, joua un rôle considérable (pour les samples notamment). Mais la « B side », pour Public Enemy, c'est aussi la « Black side », la face noire par opposition à la face A, celle du pouvoir aux mains des Blancs et de la discrimination. Le titre compare ainsi les deux facettes d'un 45 tours aux deux camps de la civilisation américaine qui se tournent le dos et s'ignorent, mais où la qualité et le groove ne sont pas forcément du côté que l'on pense.

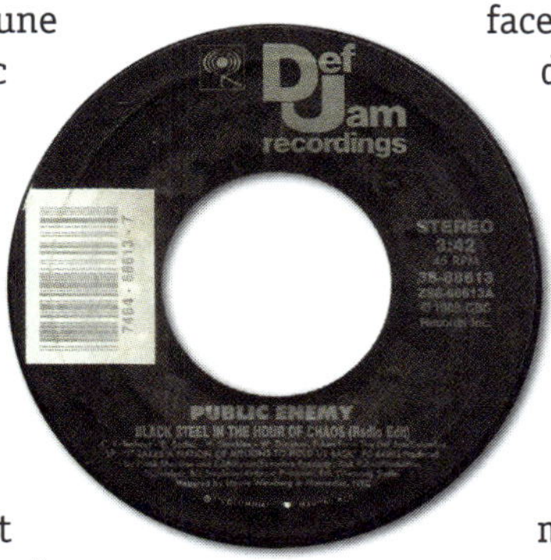

En pleine époque reine du sample, le morceau emprunte à Kool & The Gang (« N.T. ») et à Run DMC pour faire passer son message. Souvent remixée et devenue un pilier du répertoire de Public Enemy, « B Side Wins Again » est reparue en single en 2005 pour une collaboration entre DJ Spooky et David Lombardo, batteur du groupe de heavy metal Slayer. Chuck D vint leur prêter main-forte.

Le titre fut à son tour samplé par Dr. Dre dans « Nuthin' but a G Thang » en 1992.

FRANCE GALL (1988)

Face A : « Évidemment »
Face B : « La chanson d'Azima »

Presque toutes les chansons de l'album *Babacar*, paru en 1987, sont sorties en 45 tours. Il faut dire que Michel Berger avait composé pour France Gall une collection de titres forts et souvent engagés, qui ont rencontré un énorme succès populaire. Mais s'il y en a un que sa compagne chérissait plus particulièrement, c'était bien cette « Chanson d'Azima », inspirée par un voyage du couple au Mali en 1986, où ils avaient pu constater les ravages de la désertification. La chanson porte d'ailleurs en sous-titre : (« Quand le désert avance »).

« C'est une lettre imaginaire que Michel Berger a écrite après un premier voyage au Mali en 1986, où nous avions rencontré un jeune Touareg du nom d'Azima. Quand nous sommes retournés faire le clip, c'est Azima qui tient le rôle du petit garçon, même s'il a incroyablement grandi ! » a expliqué France Gall à la sortie du titre en 45 tours, près de deux ans après l'album dont il est issu.

« La chanson d'Azima » était pourtant déjà parue deux fois sur des singles, en face B de « Papillon de nuit » en 1987 puis d'« Évidemment » en 1988. Mais France Gall tenait absolument à la remettre en valeur de la sorte.

é v i d e m m e n t

SIMPLE MINDS (1989)

Face A : « Belfast Child »
Face B : « Mandela Day »

En 1988, Jerry Dammers, l'ancien leader des Specials, décide d'organiser un concert à Wembley pour soutenir Nelson Mandela, qui fête alors son soixante-dixième anniversaire et a passé plus d'un quart de siècle en prison. Il contacte une pléiade de stars, dont Stevie Wonder – qui ne jouera pas – Sting, Peter Gabriel, Joe Cocker, Phil Collins, Al Green et Dire Straits. Le concert est un succès retentissant, retransmis à travers le monde, et certains artistes vont même jusqu'à composer une chanson pour l'événement et pour tenter d'accélérer la libération du leader de la lutte contre l'Apartheid en Afrique du Sud.

C'est le cas de Simple Minds, dont le « Mandela Day » va être l'un des succès de 1989. Le titre paraît en face B de « Belfast Child », autre titre engagé qui va se classer en tête des charts britanniques.

« Quand Jerry Dammers nous a contactés, il nous a demandé si nous pouvions faire une reprise voire écrire une chanson et je lui ai dit : "C'est tout ?" Mais finalement nous y sommes arrivés. Nous étions en fin d'enregistrement en studio lorsque Charlie [Burchill, guitariste] a commencé à jouer quelques accords. J'y ai glissé des paroles parce que je venais de lire un livre sur Mandela. De toutes les chansons de notre carrière, c'est celle que nous avons écrite le plus vite », expliqua alors le chanteur Jim Kerr.

Quelques passages radio confirmèrent l'impact du titre, qui fut placé sur un EP avec « Belfast Child » et une reprise de « Biko », autre chanson anti-Apartheid de Peter Gabriel. Simple Minds avait déjà repris sur scène un autre morceau sur l'Afrique du Sud, le « (Ain't Gonna Play) Sun City » de Little Steven.

Nelson Mandela fut libéré en février 1990.

LENNY KRAVITZ (1993)

Face A : « Heaven Help »
Face B : « B-Side Blues »

Une recherche discographique rapide le démontre, des centaines de morceaux évoquent d'une façon ou d'une autre la difficulté de choisir ou de composer une face B et la contrainte de ce format hérité de l'âge d'or du 45 tours. Humour (voir Tracey Ullman), désinvolture (voir les Ronettes), facétie (voir Napoleon XIV), tous les moyens sont bons pour échapper à la corvée de la face B. Certains exemples fameux de cet ouvrage (« Green Onions ») démontrent que des titres enregistrés à la va-vite pour graver « l'autre face » obtiennent parfois des succès aussi monumentaux qu'inattendus. Le « B-Side Blues » de Lenny Kravitz, paru en 1993 sur le maxi-single *Heaven Help*, est un exemple parmi bien d'autres de cette peur de la page blanche, ou plutôt de la galette vide... Prenez un thème de blues funky piqué à Jimi Hendrix (Lenny a l'habitude), improvisez un texte sur la difficile condition d'artiste soumis aux diktats des majors, poussez des hurlements plaintifs et concluez en demandant à votre label de se fourrer le disque dans le c... Et le tour est joué !

Le maxi-single *Heaven Help* se classa dans le Top 20 britannique. Mais certainement pas grâce à « B-Side Blues » !

RED HOT CHILI PEPPERS (1993)

Face A : « Give It Away & Under the Bridge »
Face B : « Soul to Squeeze »

Les bandes-son de film ou de publicité relancent souvent des titres que les artistes eux-mêmes avaient négligés. Ce fut le cas pour « Soul to Squeeze », aujourd'hui l'un des titres les plus populaires des Red Hot Chili Peppers, qui n'avait pourtant pas été retenu pour l'album *Blood Sugar Sex Magik* sorti en 1991. La chanson, charpentée par une solide partie de basse de Flea, dut se réfugier en face B de deux singles, *Give it Away* et *Under the Bridge*, issus de l'album. Écrit par le chanteur Anthony Kiedis, elle évoque son combat contre la dépendance à la drogue.

Deux ans plus tard, pourtant, le titre refait surface dans la bande-son de *Coneheads*, qui recycle plusieurs faces B ou titres rares de chez Warner, également productrice du film de l'équipe de *Saturday Night Live*. Ressorti en single à cette occasion, le morceau connaît une deuxième vie et se classe en tête des charts américains dans la catégorie « rock moderne ». Le succès de « Soul to Squeeze » est poussé par le clip, dont le groupe a refusé qu'il soit entrecoupé d'extraits du film. On y aperçoit en revanche un « conehead » en guise de clin d'œil. La vidéo est tournée sans le guitariste John Frusciante, qui avait quitté le groupe entre-temps.

À son retour en 1997, le morceau deviendra un incontournable des prestations scéniques des Red Hot Chili Peppers.

AKHENATON
(1995)

Face A : « La face B »
Face B : « La face B »

En 2010, Philippe Fragione, alias Chill, alias Akhenaton, publie son autobiographie, intitulée *La Face B.* Il emprunte le titre de son ouvrage, écrit avec le journaliste Éric Mandel, à un morceau de son album solo *Métèque et mat*, sorti en 1995. « La face B » est d'ailleurs sortie en deuxième single de cet album cette même année, après « L'Americano ».
Le leader du groupe IAM est un enfant du vinyle et c'est du côté obscur de la musique qu'il est allé chercher, comme tous les compilateurs du hip-hop, ces morceaux de soul, de funk ou de R'n'B qui vont devenir, par le biais du sample, le socle du rap. Au travers de cette face cachée, Akhenaton explique aussi qu'il s'est rangé, depuis le début de son parcours à Marseille, du côté de l'authenticité et de l'underground plutôt que de la frime et du soleil, ou la face B comme symbole d'un choix de vie. En ce sens, il reprend le concept inauguré par Public Enemy dix ans plus tôt avec « B Side Wins Again » (voir ce titre).

La sortie de cet autoportrait est accompagnée d'une bande originale du livre, dans laquelle on retrouve « La face B », dont le texte résume parfaitement le propos :
« Si j'ai pu débuter ce métier, c'est qu'on a pu disposer des faces B, des nouveautés », ou encore « J'aurais pu parler d'amour sur la face A, mais cette face-là ne m'intéresse pas. Je suis de l'autre côté de la force ». Un bel hommage rendu à notre sujet.
Lucide, Akhenaton concède qu'il est passé avec le temps de l'ombre à la lumière, de la face B à la face A, mais assure qu'il est resté fidèle à ses racines.

the REMBRANDTS

THE REMBRANDTS (1995)

Face A : « This House Is Not a Home »
Face B : « I'll Be There for You »

Difficile de prévoir le succès d'une série télévisée, notamment à l'export. Et c'est pourquoi sortit en 1995 en Europe, alors que venait de s'achever la première saison de *Friends*, un single des Rembrandts avec en face A « This House Is Not a Home », extrait de leur album *LP*, et en face B, « I'll Be There for You », le générique de la série. Mais la popularité de cette bande d'amis vivant dans un immeuble de Manhattan traversa l'Atlantique et son thème fut instantanément tout aussi connu en Europe qu'aux États-Unis. La chanson reparut aussitôt à travers le monde sous divers formats, mais bien mise en avant cette fois...

Les Rembrandts étaient déjà de vieux routiers de la pop américaine, jouant ensemble depuis 1981, et ils avaient obtenu en 1990 un précédent tube avec « Just the Way It Is ». Mais « I'll Be There for You » fut un véritable jackpot pour le duo composé de Phil Sölem et Danny Wilde, d'autant que la chanson, composée par les producteurs de *Friends* et la compositrice Allee Willis, avait d'abord été proposée aux groupes R.E.M. et They Might Be Giants.

Les Rembrandts n'avaient à l'origine enregistré qu'une minute de cette composition très inspirée des Beatles, ce qui suffisait largement pour un générique. Mais une radio de Nashville se mit à passer cette minute en boucle et le succès fut tel qu'il devint inévitable d'en graver une version plus longue. La chanson resta pendant huit semaines en tête des chansons les plus diffusées en radio aux États-Unis et se classa finalement à la 14e place des charts en tant que face B de « This House Is Not a Home ».

Comme l'expliqua Allee Willis, auteur soul qui avait précédemment travaillé pour Earth, Wind and Fire et James Brown : « C'est la chanson la plus "blanche" que j'ai écrite ! Elle ne devait en aucun cas sortir en single. Ce sont juste des DJ's qui en ont fait des cassettes et se sont mis à les passer. Et c'est devenu la chanson la plus diffusée en radio. Mais les Rembrandts ne voulaient pas la sortir parce qu'ils ne l'avaient pas écrite. Ils ont dû se faire violence, mais au final, ils ont rajouté un pont et un deuxième couplet et sont donc crédités comme auteurs de la chanson. Mais pas du générique ! »

OASIS (1995)

Face A : « Some Might Say »
Face B : « Acquiesce »

La plupart du temps, le renvoi en face B d'un tube en puissance résulte du manque de discernement d'une maison de disques ou des intérêts divergents d'un producteur. Parfois, comme dans le cas d'« Acquiesce » d'Oasis, c'est l'artiste lui-même qui mésestime la portée d'une composition. Il faut dire que la chanson fut composée inopinément par Noel Gallagher lors d'une panne de train alors qu'il se rendait au pays de Galles pour enregistrer « Some Might Say », la face A de ce même single. Pour tuer le temps, il sortit sa guitare et écrivit « Acquiesce », un verbe assez rare en anglais, qu'il venait d'entendre prononcé par un interlocuteur au téléphone. Chanson sur l'amitié, elle a souvent été comprise comme un reflet de la relation tourmentée entre les frères Gallagher, une interprétation que Noel a toujours démentie.

En entendant cette chanson, Alan McGee, le patron du label Creation, décida qu'il faillait absolument en faire une face A. Mais Noel Gallagher refusa, arguant que « Some Might Say » était déjà dans la boîte et qu'il aurait fallu écrire deux autres faces B pour sortir « Acquiesce » indépendamment. La chanson devint cependant l'un des morceaux favoris des fans du groupe, qui la plébiscitèrent lors d'un sondage sur les titres qu'ils voulaient voir inclus dans *The Masterplan*, une compilation de compositions moins connues d'Oasis.

« Acquiesce » est la première chanson que les deux frères chantent à tour de rôle, Liam se chargeant du couplet tandis que Noel intervient sur les refrains – selon lui parce que Liam n'arrivait pas à en atteindre les notes aiguës.

UNDERWORLD (1995)

Face A : « Born Slippy »
Face B : « Born Slippy.NUXX »

De nombreuses faces B devenues des succès sont des blagues qui ont mal tourné, ou plutôt trop bien. Ainsi de « Born Slippy.NUXX » d'Underworld, qui fit date dans l'histoire de la musique électronique grâce à son inclusion dans la scène finale du film *Trainspotting* de Danny Boyle. Placée tout d'abord en face B du single *Born Slippy* (tout court), il s'agissait vraiment d'une plaisanterie de la part des membres du trio, qui s'étaient contentés de scander, par-dessus un beat lourd et effréné, des paroles censées illustrer le dialogue intérieur d'un homme en état d'ébriété. Le suffixe .NUXX, ajouté par leur ordinateur après une erreur de manipulation, fut conservé. Et ce single initial, sorti en janvier 1995, ne rencontra qu'indifférence.

Et puis *Trainspotting* changea la donne. Le succès du film entraîna celui de sa bande-son, et la face B d'origine reparut en face A pour se hisser à la 2e place des charts britanniques en juillet 1996. La plupart des fans connaissent aujourd'hui ce morceau sous le titre abrégé de « Born Slippy », qui était pourtant initialement celui d'une face A aujourd'hui oubliée. Le succès a fait du morceau l'un des passages obligés des prestations d'Underworld depuis lors. Il apparaît dans d'innombrables compilations et sous divers remixes.

« Born Slippy », qui était le nom d'un lévrier de course repéré par Underworld dans les journaux, est aujourd'hui joué avant les matchs de Nottingham Forest. Le titre fit aussi partie de la bande-son de la cérémonie d'ouverture des Jeux olympiques de Londres, dont Danny Boyle était le réalisateur et dont Underworld assurait la direction musicale.

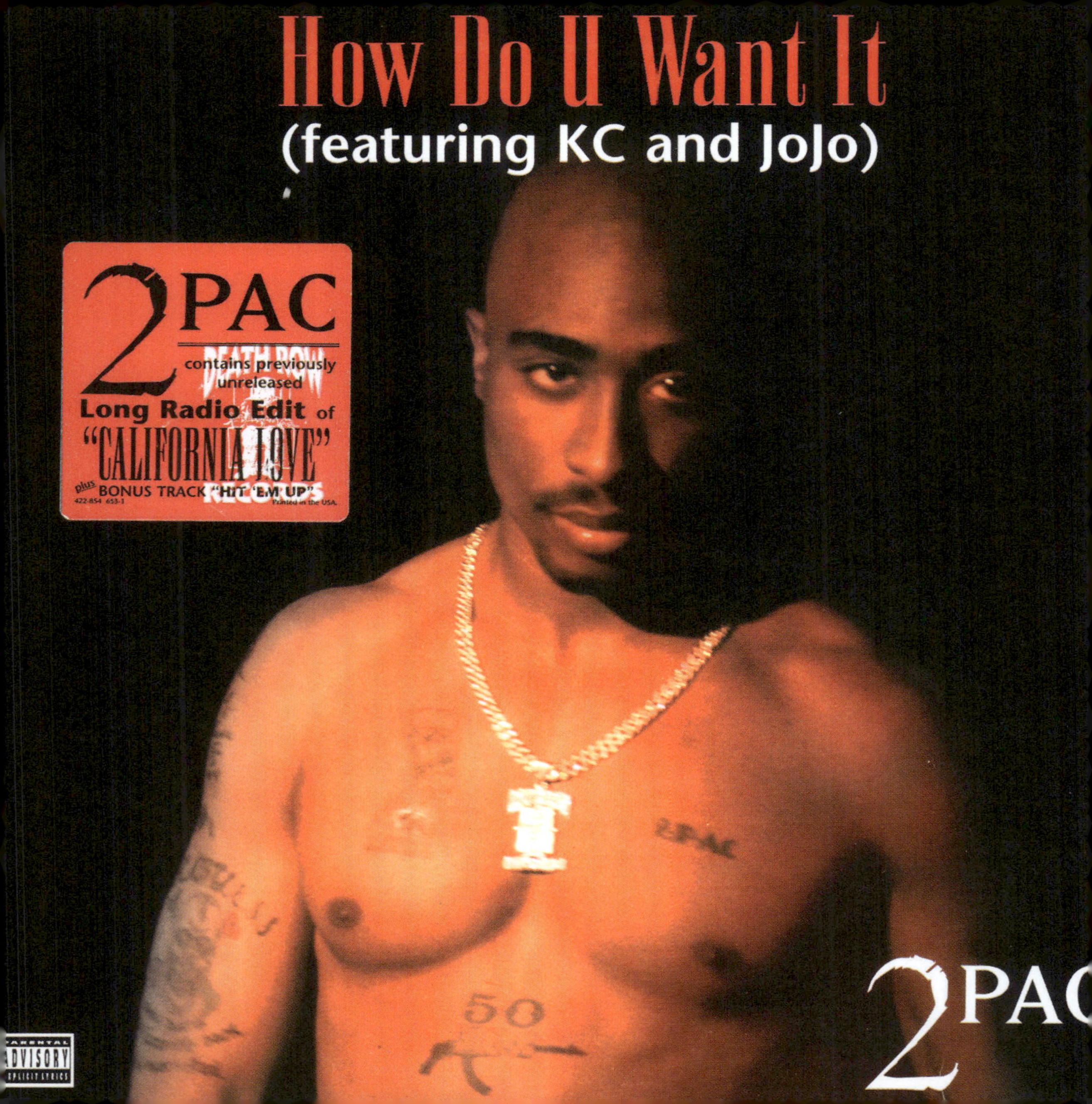
How Do U Want It
(featuring KC and JoJo)
2PAC
contains previously unreleased
Long Radio Edit of
“CALIFORNIA LOVE”
plus BONUS TRACK “HIT 'EM UP”
422-854 653-1
Printed in the USA.
ADVISORY
2PAC

2PAC (1996)

Face A : « How Do You Want It ? »
Face B : « Hit' Em Up »

Et si les faces B tuaient ? C'est peut-être ce qui s'est passé avec « Hit 'Em Up », le titre le plus violent de 2Pac et de ses Outlawz, et sans doute de l'histoire du rap. Paru en face B du single *How Do You Want It ?*, ce *clash* ou *diss song* – composition destinée à dire du mal ou à rabaisser un rival – était une réplique à une agression dont il avait été victime lors d'un passage à New York fin 1994. 2Pac avait alors été touché par deux balles et dépouillé dans le hall du studio du label Bad Boy de Puff Daddy, Biggie et Junior M.A.F.I.A. Persuadé de la complicité des rappeurs de la côte Est dans cette agression, le Californien s'en prend vertement dans « Hit' Em Up » à tous les principaux représentants du style East Coast, et notamment à Biggie, qu'il rend directement responsable de son infortune. Il faut dire que ce dernier avait sorti, quelque temps après l'incident, une compo intitulée « Who Shot Ya ? » (« Qui t'a tiré dessus ? ») et que 2Pac s'était senti visé. Tout y passe dans cette diatribe furieuse du rappeur agressé, qui accuse ses homologues new-yorkais de l'avoir plagié et qui assure que Biggie a couché avec sa petite amie. Le tout bien sûr dans un langage des plus orduriers. Biggie, Puffy et la rappeuse Lil' Kim firent part à la sortie du disque de leur stupéfaction et le morceau reste considéré comme l'un des plus agressifs jamais publiés.

Les réactions de la critique et du rap business furent dans l'ensemble incendiaires. Le *Billboard* qualifia le titre d'horrible et accusa 2Pac « d'attiser les flammes de la haine et de souiller l'âme de toute une partie de la culture noire ».

En tout cas, les liens étaient rompus à jamais entre les rappeurs des deux côtes des États-Unis et l'assassinat de 2Pac quelques mois plus tard à Las Vegas ne manqua pas de faire naître des soupçons sur les personnes citées dans « Hit' Em Up ». Biggie fut pour sa part assassiné à son tour lors d'un passage en Californie en mars 1997.

ALAN JACKSON (1996)

Face B : « Home »

« Home », d'Alan Jackson, détient peut-être le record de présence en face B, puisqu'elle parut en second choix de cinq autres titres de la star de la country des années 1990. Présente sur l'album initial du Géorgien, en 1989, elle est d'abord adossée à son premier single, *Blue Blooded Woman*, avant de resservir comme faire-valoir de « I'd Love You All Over Again » et « Don't Rock the Jukebox », ses deux premiers numéros 1 des charts country. En 1995, à la sortie de son premier *Greatest Hits*, « Home » fut encore utilisée comme le deuxième titre des CD singles *Tall, Tall Trees* et *I'll Try*. C'est à la sixième tentative que la chanson se vit enfin offrir une sortie en face A, en 1996. Elle se classa tout de même 3e des charts country, une belle performance pour un titre que les fans du chanteur possédaient déjà une fois sur un album et cinq fois sur un single !

Alan Jackson avait écrit cette composition à son arrivée à Nashville en souffrant du mal de sa Georgie natale. C'est aussi un bel hommage rendu à ses parents et au Sud profond.

RADIOHEAD (1996)

Face A : « Street Spirit (Fade Out) »
Face B : « Talk Show Host »

La face B est aussi souvent le refuge des chansons inclassables, atypiques dans le répertoire d'un artiste ou d'un groupe et qui, finalement, ne trouvent pas leur place ailleurs. C'est le cas de « Talk Show Host », sans doute l'une des plus belles réussites de Radiohead, et l'une des chansons préférées du groupe si l'on en juge par sa présence constante sur leur playlist sur scène. Elle ne parut pourtant qu'au verso du single *Street Spirit (Fade Out)*, dernier extrait de leur album *The Bends*, et amorçait déjà un tournant… que le quatuor ne prit finalement pas. C'est en effet un morceau un peu *trip hop*, style éphémère de musique combinant rythmes électroniques, orchestrations acoustiques, le tout dans une atmosphère proche de la musique de film.

Ce n'est aussi peut-être pas un hasard si le titre, retravaillé par le producteur Nellee Hooper, pape du *trip hop*, figura dans la bande-son du film *Romeo + Juliet*, dont la bande originale fut un extraordinaire succès discographique.

C'est à partir de ce moment-là que Radiohead interpréta régulièrement le titre sur scène, et l'adopta comme l'un de ses morceaux fétiches.

Il figure ainsi en bonne place sur le best of du groupe, paru en 2008.

Le texte, des plus sibyllins et sans véritable rapport avec le titre de la chanson (animateur de talk-show), n'a en tout cas pas fini d'alimenter les débats des fans sur les forums !

MANU CHAO (1998)

Face A : « Bongo Bong » Face B : « Je ne t'aime plus »

Bongo Bong/Je ne t'aime plus est le premier single sorti par Manu Chao en solo après la fin de la Mano Negra et le premier titre extrait de son album *Clandestino*, immense succès de l'année 1998. Le titre est surtout un long compagnon du chanteur, qui le réinterprète sans cesse depuis la Mano jusqu'à aujourd'hui.

En 1991, la Mano Negra sort un album et une chanson titrés « King of the Bongo », contant l'émigration difficile d'un Africain doué pour les percussions.

En 1998, « Bongo Bong » reprend les paroles de « King of the Bongo », mais avec une nouvelle musique, rythmée par une boîte à musique, sur laquelle Manu Chao déclame à la façon des chanteurs de dancehall jamaïcains. En face B de ce single, qui se hisse au 23e rang du Top 50, on retrouve le même accompagnement, mais avec les paroles en français de « Je ne t'aime plus ».

Le titre est alors interprété en duo avec Anouk Khelifa-Pascal, ancienne petite amie de Manu Chao, et choriste occasionnelle de la Mano.

La chanson est loin d'avoir fini son périple dans la discographie de Manu Chao puisqu'il utilise le même motif pour la chanson « Mr Bobby », hommage à Bob Marley qui figure sur son deuxième album solo *Próxima Estación : Esperanza*. Le thème est alors rehaussé de cuivres.

En 2006, la chanson, dans une version accolant « Bongo Bong » et « Je ne t'aime plus », est reprise par Robbie Williams sur son album *Rudebox*, en duo avec Lily Allen et dans une production signée Mark Ronson.

Enfin, en 2009, c'est le DJ Bob Sinclar qui en fait un remix avec le chanteur de reggae Shabba Ranks, intitulé « Love You no More ».

On retrouve également une inspiration assez proche dans le titre « L'Étoile polaire », tiré du bel album de reggae enregistré en 1997 par Anouk Khelifa, *Automatik Kalamity*.

INDOCHINE (2002)

Face A : « Punker »
Face B : « J'ai demandé à la lune »

Pour Indochine, l'album *Paradize*, enregistré en 2001, fut une résurrection. Ringardisé pendant les années 1990, le groupe cherchait un second souffle lorsque parut ce disque varié, novateur et produit d'influences diverses magistralement ficelées par Gareth Jones, le producteur de Depeche Mode. Et ce grand retour doit tout à une chanson, « J'ai demandé à la lune », fournie par Mickaël Furnon, l'âme de Mickey 3D. Le petit plus qui fera de ce titre à la fois naïf et onirique une vraie réussite est la présence de la petite Pauline, la fille de Rudy Léonet, ami proche de Nicola Sirkis, qui est conviée à participer aux chœurs et donne au morceau son cachet enfantin.

Pourtant, le titre ne parut initialement qu'en face B de *Punker*, le premier single extrait de l'album. Et bien sûr, les radios auront vite fait de lui préférer « J'ai demandé à la lune », qui s'écoule à un million d'exemplaires, entraînant *Paradize* vers les mêmes sommets. Pour Indochine, la reconquête a commencé. Bardé de récompenses – NRJ Music Awards, Victoire de la Musique – le groupe remplit les Zénith, puis Bercy, avant d'attirer 80 000 personnes au Stade de France à l'été 2010. Pour Nicola Sirkis, rêver à un tel succès dix ans plus tôt, ç'aurait été demander la lune !

KAISER CHIEFS
(2004)

Face A : « You Can Have It All »
Face B : « I Predict a Quiet »

Beaucoup – dont Phil Spector – en ont rêvé. Les Kaiser Chiefs l'ont fait. En 2004, incapable de trouver une face B digne pour leur cinquième simple extrait de l'album *Employment*, le quintet de Leeds plaça à la suite de « You Can Have It All » un titre énigmatique : « I Predict a Quiet ». Voilà qui rappelait furieusement le titre de leur deuxième single à succès, *I Predict a Riot*, sorti quelques mois plus tôt. Le disque annonçait par ailleurs : écoutez cette face pour un peu de paix à Noël. En réalité, « I Predict a Quiet » (« Je prédis du silence ») ne faisait qu'annoncer ce que l'auditeur allait trouver : une face vide et totalement silencieuse. Le canular ne faisait qu'annoncer la tendance amorcée par le téléchargement. Le format à deux titres avait fait son temps à une époque où chacun peut picorer à sa guise sur Internet.
La face B est morte.
Vive la face B !

MAURANE (2011)

Face B : « Face B »

Depuis qu'elle n'existe plus, la face B n'a jamais été autant à la mode. Nostalgie ? En tout cas, c'est en face A que Maurane a placé ce titre qui n'est pas un hommage aux vieux 45 tours, mais à Henri Salvador. La chanteuse belge, qui avait consacré un album et un spectacle entiers à son ami et inspirateur Claude Nougaro, évoque cette fois le crooner guyanais qui venait de disparaître à l'âge de quatre-vingt-cinq ans. Et elle rappelle, sur un texte de François Morel, le comédien des Deschiens, comment ce maître à chanter avait bâti sa carrière sur deux facettes : la facétie en façade, la tendresse en face cachée. Toute une partie de l'histoire du microsillon et de la chanson française.

Maurane fit de ce titre révérence le single de son album *Fais-moi une fleur*, enregistré à New York avec des pointures comme le saxophoniste David Sanborn ou le plus grand harmoniciste au monde, son compatriote Toots Thielemans.

De la part de Maurane, ce coup de chapeau est d'autant plus touchant qu'elle avait refusé d'enregistrer quelques années plus tôt avec Henri Salvador une version de « Vive le vent d'hiver » pour un album de Noël, et s'en était mordu les doigts. Le vieux chanteur de charme s'en était souvenu et, pensant qu'elle ne l'avait découvert que lors de son chant du cygne (« Jardin d'hiver »), lui en avait gentiment voulu.

« J'ai été vraiment séduite par le côté rétro de l'univers de François Morel et d'Antoine Saurel [compositeur], une originalité, un truc hors du commun. C'est un hommage à quelqu'un que j'ai toujours aimé, qui était persuadé que je ne l'avais aimé que très tard, avec "Jardin d'hiver", alors que j'allais le voir vingt-cinq ans plus tôt avec Claude Nougaro. Quand je le lui ai dit, il a été très touché. Quand il est parti et que cette chanson est arrivée, je l'ai prise comme un cadeau. Ça s'appelle "Face B", mais pour moi c'est une face A », a confié la chanteuse.

Sources des illustrations : Artie Shaw & his Orchestra, *Begin the Beguine*, Bluebird, 1938 / Charles Trenet, *Boum* !, Raoul Breton, 1938 / Billie Holiday, *Strange Fruit*, Commodore Records, 1939 / Frank Sinatra, *French Foreign Legion*, Capitol Records, 1958 / Yves Montand, *À Paris*, Odéon, 1948 / Hank Williams, *My Bucket's Got a Hole in It*, MGM Records, 1949 / Patti Page, *The Tennessee Waltz*, Mercury Records, 1950 / Henri Salvador, *Ma doudou*, Fontana, 1959 / Mouloudji, *On m'a donné une âme*, Philips, 1954 / Bill Haley, *Rock Around the Clock*, Decca Records, 1954 / Édith Piaf, *Les amants d'un jour*, Columbia Records, 1956 / Gene Vincent, *Be-Bop-a-Lula*, Capitol Records, 1956 / Elvis Presley, *Hound Dog*, RCA Records, 1956 / Buddy Holly & the Crickets, *The "Chirping" Crickets*, Brunswick, 1957 / The Coaster, *Secrchin'*, ATCO Records, 1957 / Eddie Cochran, *Summertime Blues*, Liberty, 1958 / Cliff Richards & the Drifters, *Schoolboy's Crush*, Columbia Records, 1958 / Ritchie Valens, *La bamba*. Del-Fi, 1958 / Laary Williams, *Slow Down*, Specialty, 1958 / Hank Ballard & the Midnighters, *The Twist*, King Recording Studio, 1986 / The Isley Brothers, *Shout! (part 1)*, RCA Records, 1959 / The Champs, *Tequila*, London, 1959 / Jacques Brel, *Les Flamandes*, Philips, 1960 / Brenda Lee, *I'm sorry*, Decca Records, 1960 / Ricky Nelson, *Travelin' Man*, Imperial Records, 1961 / Roy Orbison, *Running Scared*, Monument, 1961 / Charles Aznavour, *Sylvie*, Barclay, 1962 / Tony Bennett, *I Left My Heart in San Francisco*, Columbia Records, 1962 / Booker T. & the MG's, *Green Onions*, Stax, 1962 / Sacha Distel, *Il tient le monde*, RCA Records, 1962 / Smokey Robinson & the Miracles, *You've Really Got a Hold on Me*, Tamla Motown, 1962 / Françoise Hardy, *Oh oh chéri*, Disques Vogue, 1962 / Benny Spellman, *Fortune Teller*, Minit Records, 1962 / Richard Chamberlain, *Blue Guitar*, MGM Records, 1963 / Brigitte Bardot, *L'appareil à sous*, Philips, 1963 / Serge Gainsboug, *Vilaine fille, mauvais garçon*, Philips, 1963 / Billy J. Kramer & the Dakotas, *Bad to Me*, Parlophone, 1963 / The Ronettes, *Be My Baby*, 1963 / Henri Salvador, *Le martien*, Philps, 1963 / Colette Renard, *La foraine*, Vogue, 1963 / The Beach Boys, *I Get Around*, Capitol Records, 1964 / The Beatles, *I Want to Hold Your Hand*, Capitol Records, 1964 / Jacques Brel, *Jef*, Braclay, 1964 / Sam Cooke, *A Change Is Gonna Come*, RCA Records, 1964 / Nat King Cole, *I Don't Want to See Tomorrow*, Capitol Records, 1964 / Sheila, *Écoute ce disque*, Philips, 1964 / Them, Gloria, Decca Records, 1964 / Irma Thomas, *Wish Someone Would Care*, Imperial Records, 1964 / The Beatles, *Day Tripper*, Odeon, 1965 / The Byrds, *All I Really Want to Do*, Columbia Records, 1965 / Gloria Jones, *My Bad Boy's Coming Home*, Champion Records, 1965 / Donovan, *Turquoise*, Pye, 1965 / The Kinks, *I Need You*, Vogue, 1965 / The McCoys, *Fever*, Bang, 1965 / Righteous Brothers, *Hung on You*, Philles Records, 1965 / The Temptations, *My Baby*, Motown, 1965 / Rolling Stones, *Play with Fire*, Decca Records, 1965 / The Yarbirds, *Evil Hearted You*, Columbia Records, 1965 / Antoine, *Qu'est-ce qui ne tourne pas rond chez moi ?*, Vogue, 1966 / Hugues Aufray, *Céline*, Barclay, 1966 / The Beach Boys, *God Only Knows*, Capitol Records, 1966 / The Beatles, *Paperback Writer*, Odeon, 1966 / Bob Dylan, *I Want You*, Columbia Records, 1966 / J.J. Cale, *Slow Motion*, Audition Record, 1966 / The Monkees, *(I'm Not Your) Steppin' Stone*, RCA Records, 1966 / Nancy Sinatra, *Summer Wine*, Vogue, 1966 / Napoleon XIV, *They're Coming to Take Me Away Ha-Haaa !*, Warner Bros, 1966 / The Beatles, *Hello, Goodbye*, Odeon, 1967 / The Beatles, *Penny Lane*, Odeon, 1967 / The Beatles, *Strawberry Fields Forever*, Parlophone, 1967 / Jeff Beck, *Hi Ho Silver Lining*, Columbia Records, 1967 / Jacques Dutronc, *Les playboys*, Vogue, 1967 / Rolling Stones, *Let's Spend the Night Together*, Decca Records, 1967 / Simon and Garfunkel, *The 59th Street Bridge Song*, Columbia Records, 1967 / Strawberry Alarm Clock, *Incense and Peppermints*, UNI Records, 1967 / Scott Walker, *Jackie*, Philips, 1967 / David McWilliams, *Harlem Lady*, Major Minor, 1968 / Michel Polnareff, *Le bal des Laze*, Disc'AZ, 1968 / Dionne Warwick, *Who Is Gonna Love Me ?*, Scepter Records, 1968 / The Beatles, *Get Back*, Apple, 1969 / François Béranger, *Tranche de vie*, Columbia Records, 1969 / Creedence Clearwater Revival, *Proud Mary*, Fantasy, 1969 / Joe Dassin, *Les Champs-Élysées*, Columbia Records, 1969 / Léo Ferré, *La nuit*, Barclay, 1969 / Michel Polnareff, *Dans la maison vide*, Disc'AZ, 1969 / Rolling Stones, *Honky Tonk Women*, Decca Records, 1969 / Sly & the Family Stone, *Everybody Is a Star*, Epic, 1969 / Steam, *Na na, hey hey, Kiss Him Goodbye*, Fontana, 1969 / Stevie Wonder, *My Cherie Amour*, Tamla Motown, 1969 / Neil Young, *Sugar Mountain*, Reprise Records, 1969 / The Band, *Up on Cripple Creek*, Capitol Records, 1970 / The Doors, *Roadhouse Blues*, Elektra, 1970 / George Harrison, *My Sweet Lord*, Apple, 1970 / Led Zeppelin, *Immigrant Song*, Atlantic, 1970 / Michel Polnareff, *Gloria*, Disc'AZ, 1970 / Cat Stevens, *Moon Shadow*, Island Records, 1970 / Joni Mitchell, *Woodstock*, Reprise Records, 1970 / Ten Years After, *Love Like a Man*, Deram, 1970 / Philippe Clay, *Dis ma femme* ; Polydor, 1971 / Charles Aznavour, *Mourir d'aimer*, Barclay, 1971 / Creedence Clearwater Revival, *Have You Ever Seen the Rain ?*, Fantasy, 1971 / Michel Delpech, *Pour un flirt*, Barclay, 1971 / Janis Joplin, *Mercedes Benz*, Columbia Records, 1971 / Rod Stewart, *Maggie May*, Mercury Records, 1971 / Bill Withers, *Harlem*, Sussex Records, 1971 / David Bowie, *The Man Who Sold the World*, RCA Records, 1972 / Gary Glitter, *Rock and Roll*, Bell Records, 1972 / Lou Reed, *Perfect Day*, RCA Records, 1972 / Johnny Hallyday, *La musique que j'aime*, Philipps, 1973 / Serge Lama, *Je suis malade*, Philips, 1973 / Monty Python, *Matching Tie and Handkerchief*, Arista, 1973 / Elvis Presley, *Separate Ways*, RCA Records, 1973 / The Doobie Brothers, *Black Water*, Warner Bros, 1974 / Dalida, *Gigi l'amoroso*, Sonopresse, 1974 / Carl Douglas, *Kung Fu Fighting*, Pye, 1974 / Michel Sardou, *La marche en avant*, Trema, 1974 / Claude François, *Le mal aimé*, Disques Flèche, 1974 / Michel Jonasz, *Dites-moi*, Atlantic, 1974 / Beau Dommage, *Harmonie du soir à Châteauguay*, Capitol Records, 1975 / Pink Floyd, *Shine on You, Crazy Diamond*, Harvest, 1975 / Gérard Manset, *C'est un parc*, EMI, 1975 / Abba, *Bang a Boomerang*, Vogue, 1975 / Kiss, *Beth*, Casablanca Records, 1976 / Wild Cherry, *Play that Funky Music*, Epic, 1976 / Fleetwood Mac, *Go Your Own Way*, Warner Bros, 1977 / Gloria Gaynor, *I Will Survive*, Polydor, 1977 / Bob Marley & the Wailers, *Jamming*, Island Records, 1977 / Plastic Bertrand, *Pogo Pogo*, Vogue, 1977 / Téléphone, *Anna*, EMI, 1977 / Donna Summer, *I Feel Love*, Atlantic, 1977 / The Wings, *Girls School*, Capitol Records, 1977 / Daniel Balavoine, *Le chanteur*, Riviera LM, 1978 / The Bee Gees, *If I Can't Have You*, RSO, 1978 / Boney M, *Brown Girl in the Ring*, Hansa Records, 1978 / Queen, *We Are the Champions*, EMI, 1978 / Elvis Costello ; *American Squirm*, United Artists, 1978 / Jean-Patrick Capdevielle, *Tout au bout de la ville*, Columbia Records, 1979 / Blondie, *Sunday Girl*, Chrysalis, 1979 / Pierre Perret, *Estelle*, Adèle, 1979 / The Jam, *Going Underground*, Polydor, 1980 / Kraftwerk, *The Model*, Capitol Records, 1981 / Art of Noise, *Beat Box*, Island Records, 1983 / Yes, *Leave It*, Atco, 1983 / Tracey Ullman, *They Don't Know*, MCA, 1983 / Dalida, *Les p'tits mots*, Carrère, 1983 / Peter & Sloane, *Ma vie avec toi, ta vie avec moi*, Déesse, 1984 / Prince, *Erotic City*, Warner Bros, 1984 / The Smiths, *William It Was Really Nothing*, Rough Trade, 1984 / Bruce Springsteen, *Dancing in the Dark*, Columbia Records, 1984 / Madonna, *Angel*, Warner Bros, 1985 / Laurent Voulzy, *Les nuits sans Kim Wilde*, RCA Records, 1985 / New Order, *True Faith*, Factory, 1987 / Les Rita Mitsouko, *Andy*, Vrigin Records, 1987 / U2, *Where the Streets Have no Name*, Island Records, 1987 / XTC, *Grass*, Virgin Records, 1987 / Public Enemy, *Black Steel in the Hour of Chaos*, Def Jam, 1989 / France Gall, *Évidemment*, Apache, 1988 / Simple Minds, *Belfast Child*, Virgin Records, 1989 / Lenny Kravitz, *Heaven Help*, Virgin Records, 1993 / Red Hot Chili Peppers, *Give It Away & Under the Bridge*, Warner Bros, 1993 / Akhenaton, *La face B*, EMI, 1995 / The Rembrandts, *This House Is Not a Home*, East West Records, 1995 / Oasis, *Some Might Say*, Creation, 1995 / Underworld, *Born Slippy*, Junior Boy's Own, 1995 / 2Pac, *How Do You Want It ?*, Interscope Records, 1996 / Alan Jackson, *Here In The Real World*, Arista Nashville, 1996 / Radiohead, *Street Spirit (Fade Out)*, Parlophone, 1996 / Manu Chao, *Bongo Bong*, Virgin Records, 1998 / Indochine, *Punker*, Columbia Records, 2002 / Kaiser Chiefs, *You Can Have It All*, B-Unique, 2004 / Maurane, *Face B*, Polydor, 2011.

MIXTE
Papier issu de sources responsables
FSC® C003309

Imprimé en France
par Loire Offset Titoulet